Conocimiento extrasensorial

A pesar de haber puesto el máximo cuidado en la redacción de esta obra, el autor o el editor no pueden en modo alguno responsabilizarse por las informaciones (fórmulas, recetas, técnicas, etc.) vertidas en el texto. Se aconseja, en el caso de problemas específicos —a menudo únicos— de cada lector en particular, que se consulte con una persona cualificada para obtener las informaciones más completas, más exactas y lo más actualizadas posible. EDITORIAL DE VECCHI, S. A. U.

© Editorial De Vecchi, S. A. 2018
© [2018] Confidential Concepts International Ltd., Ireland
Subsidiary company of Confidential Concepts Inc, USA
ISBN: 978-1-64461-142-5

Impreso bajo demanda gestionado por Bibliomanager

Cassandra Eason

CONOCIMIENTO EXTRASENSORIAL

dve PUBLISHING

Índice

Introducción

Los escépticos nos dicen que el mundo psíquico es un cuento de hadas, nada que ver con la dura realidad del aquí y del ahora, pero están equivocados. Está alrededor nuestro, todo el tiempo, si nos tomáramos la molestia de hacerle caso. Consideremos la historia de Paula, una profesora de Cheshire:

> Cuando mi hijo pequeño estaba en la guardería, me avisó un día cuando íbamos en el coche hacia la escuela: «Ten cuidado, mamá, nos vamos a estrellar en el camino a la guardería».
>
> Yo conduje cada vez con más cuidado a medida que el camino se iba estrechando. Después de dejar a mi hijo en la guardería, todavía estaba nerviosa y conduje muy despacio por la carretera. Cuando llegué al final, un ciclista viró fuera de control y aterrizó en el capó de mi coche. Si yo no hubiera estado conduciendo tan despacio, él habría resultado herido gravemente.

En un tiempo yo habría dicho que se trataba sólo de uno de esos extraños sucesos hasta que el mundo psíquico se cruzó en mi propia vida. Una mañana mi hijo Jack, entonces de dos años y medio, me contó casualmente que su padre se había caído de su moto pero que estaba ileso. Sin saberlo, en ese preciso instante mi marido John tenía un accidente de moto a unos 50 kilómetros, aunque, como Jack había dicho, él no estaba herido.

Después de este incidente, empecé a explorar el mundo psíquico de niños normales. Encontré que mucha gente demostraba un fuerte sentido intuitivo. No sólo podían predecir el peligro para sus seres queridos, sino también leer otras mentes, notar la presencia de fantasmas y tener sensaciones sobre el pasado de objetos inanimados.

El mismo poder que empuja a las madres a levantarse por la noche rutinariamente antes que un niño, o a un adulto a telefonear a su propia madre en un momento inusual o de estrés para encontrar el número ocupado (la madre lo está llamando en ese preciso instante). Tales vínculos psíquicos, incitados por el amor, tienen lugar entre hermanos, abuelos y nietos, parejas e incluso entre amigos. Se trata de esos instintos que permanecen ocultos tras la conciencia psíquica. Al mismo tiempo que iba investigando la materia durante estos diez años y publicando una veintena de libros sobre todos los aspectos de estos poderes preocupantes, he ido tomando progresivamente conciencia de que estos poderes paranormales pueden ser desarrollados eficientemente por cada uno.

¿Qué es la conciencia psíquica?

La conciencia psíquica empieza y es transmitida a través de nuestros cinco sentidos. Con práctica, estos pueden sobrepasar el límite normal; por ejemplo, pueden dar lugar a la segunda visión, a la telepatía (comunicación mentemente), clariaudiencia (escuchar lo que no está físicamente presente), clarisensibilidad (sentir lo que no es accesible por los canales normales), clarividencia (ver lugares o personas que están lejos, especialmente en otras dimensiones) y psicometría (adelantar información con el tacto).

La psique que ha accedido a miles de años de sabiduría es la fuente del viaje fuera del cuerpo y puede accederse al trabajo creativo de los sueños a través de la imaginación.

A medida que se desarrollan nuestros sentidos psíquicos, no sólo operan más efectivamente como un sistema de alarma anticipada, sino que también pueden ser usados para la adivinación y para la interpretación de los sueños de modo que la decisión que podamos tomar pueda estar basada no sólo en información accesible a las mentes conscientes, sino también en la profunda sabiduría inconsciente que no puede ser alcanzada por los procesos convencionales de pensamiento.

En la enseñanza, así como en el desarrollo de mi propia conciencia psíquica, he descubierto que todos tenemos nuestras propias trayectorias. Las sugerencias más útiles que les he dado a los estudiantes y que he escrito en mis libros son aquellas referentes a métodos de exploración que podrían ser completamente distintos del mío, pero que funcionan para esa persona a la que concierne. Usando las sugerencias, tanto de los estudiantes en mis clases, de las llamadas a la radio y a la televisión, como de las cartas de los lectores, he modificado mis ideas originales y he continuado con esta práctica.

El mundo psíquico es fluido y está constantemente desarrollándose. Con cada nueva etapa de nuestra vida y con el mundo en el que vivimos, que cambia rápidamente, los métodos y las interpretaciones se desarrollan inevitablemente.

¿Cómo utilizar este libro?

Al comienzo del libro, se facilitan formas de acceder a la sabiduría psíquica a través de habilidades de meditación y visualización, así como de protección psíquica. Si se es nuevo en la exploración psíquica, conviene pasar un poco de tiempo explorando estos conceptos, ya que hacen que las habilidades específicas de aprendizaje resulten más fáciles. Cuando la experiencia es mayor, tal vez se desee empezar con un área específica que resulte interesante, y quizás experimentar con modos alternativos de utilizar la habilidad existencial. Los tópicos están todos interrelacionados y son intercambiables.

La psicometría —anticipar impresiones intuitivas a través del tacto— es un buen punto de entrada a las diferentes habilidades para los principiantes, que además pueden encontrar que las otras artes intuitivas, como la clarividencia y la clarisensibilidad, se sugieren naturalmente a través del contacto físico con objetos y lugares antiguos.

Se puede trabajar tanto individualmente como en grupo, y con el tiempo dar interpretaciones a personas que no se conocen bien. Cada capítulo contiene un ejercicio opcional, y estos y otras actividades sugeridas a lo largo del libro pueden constituir el foco para una tarde psíquica informal con los amigos.

Salidas con amigos o familiares a magníficas casas, piedras o abadías en ruinas pueden servir para detectar presencias fantasmales o introducirnos en las energías del pasado. Sobre todo, el libro es una oportunidad para devolver la psique al lugar al que pertenece, en nuestros corazones y en nuestras casas, para que pueda incorporar alegría y diversión y no sea un arte misterioso que esté lejos de la realidad y del sentido común.

Hace una década yo era una escéptica total, titulada en psicología y con diez años de experiencia en la enseñanza a las espaldas. Ahora he aprendido que hay un lugar para la lógica, para el aprendizaje tradicional y para el saludable escepticismo, pero que también hay ocasiones en las que es importante fijarse en la llama de una vela, o cerrar los ojos y dejar que aflore la sabiduría intuitiva y permitir que la voz interior hable de verdad. A pesar de todos nuestros exámenes, nunca sabremos con precisión cómo un niño pequeño puede sintonizar con su padre cuando este se golpea contra el asfalto 50 kilómetros más lejos o cómo un sueño o un símbolo vistos en la superficie de un espejo o el agua iluminada por la Luna puede ofrecer unas percepciones más apuradas de preguntas no formuladas y una guía para el mejor camino de futuro.

Llevar un diario psíquico

Se puede llevar una libreta o un archivador de anillas durante las exploraciones psíquicas, para así poder registrar los resultados del trabajo, crear o adaptar un propio sistema simbólico y tomar notas de sueños especiales o de interpretaciones que se hayan realizado para los demás. Del mismo modo que servirá para registrar el progreso, se puede utilizar este diario también para recoger experiencias paranormales de la familia (amigos invisibles de los niños, ejemplos de niños que leen la mente de su madre, el vínculo telepático de un hombre o una mujer con su pareja, momentos de premoniciones positivas, fechas en las que se percibe el perfume de la abuela fallecida, etc.). Solemos pensar que siempre recordaremos estos preciosos ejemplos de amor y asombro, pero con el transcurso de los años resulta muy fácil olvidar los detalles.

También puede surgir el deseo de registrar incidentes de la historia familiar pintorescos, remedios, cuentos de un bisabuelo que recorrió 60 kilómetros desde el campo a la ciudad o vínculos familiares gitanos. Estas leyendas son el folclore del mañana; si nosotros cesamos de contar historias de mitos familiares y de sabiduría a nuestros niños, nuestra cultura personal espiritual está perdida.

Se pueden anotar las memorias más interesantes en una libreta de cuero, donde al mismo tiempo se pueden coleccionar fotografías de lugares antiguos que se hayan visitado, hechos y leyendas sobre fantasmas que se hayan visto o percibido, flores y hierbas prensadas recogidas en viajes especiales, dibujos o pinturas que se han visto en las nubes o en la llama de una vela. Como ya he dicho, todos somos mágicos y especiales. Estas percepciones del mundo del espíritu son muy hermosas y parte del legado que dejaremos a nuestros hijos. Las habilidades en este libro pueden formar la base de experimentos más amplios y de la exploración. Si se pueden leer imágenes de tinta en el agua o de luz reflejada en un cristal, se puede pasar a la habilidad de leer las hojas de té o una bola de cristal o a uno de los métodos más formales de adivinación, como las runas o las cartas del tarot.

Las direcciones útiles y la bibliografía que se facilitan al final del libro proporcionan información extra sobre cómo se puede desarrollar la conciencia psíquica de diferentes modos.

Ejercicio: realizar una caja mágica del tesoro

Todos teníamos cajas de tesoros cuando éramos niños, llenas de conchas y de piedras que encontrábamos en vacaciones, joyas especiales, botones de perlas, lentejuelas, amuletos de buena suerte y quizá plumas brillantes y de colores.

A medida que vayamos avanzando en la lectura del libro, iremos viendo que necesitamos unas cuantas cosas sencillas: hierbas, velas, algún aceite esencial, un cristal de cuarzo y quizás un péndulo de cristal. Ya que los poderes están dentro de nosotros, no en los artefactos, podemos improvisar fácilmente, utilizando una llave colgada en una cadena para simular un péndulo, una vela casera común o inventar cristales para las velas y las imágenes del espejo.

Una caja del tesoro puede ser un contenedor cuadrado u ovalado de madera o de otra sustancia natural como fibra, metal o incluso una caja dura de cartón dorado o plateado. Si la caja está dotada de recuerdos alegres o cariñosos, las emociones positivas se desbordarán en el trabajo psíquico. Los artículos deberían incluir:

• Jarras pequeñas o bolsas de hierbas secas, especialmente aquellas asociadas a la adivinación —perejil, salvia, romero y tomillo— y aquellas utilizadas para el sueño armonioso y placentero (flores de camomila secas y lavanda).

• Velas de diferentes colores, especialmente rojo, dorado, plateado, blanco y verde y, si es posible, una vela de cera de abeja de un amarillo imperecedero que puede ser usada en cualquier tipo de ritual.

• Una pequeña selección de aceites esenciales: jazmín para la intuición de la Luna, incienso para el gozo del Sol, pachulí para los poderes comunicativos de Mercurio, geranio para la empatía de Venus, pimienta para el ímpetu a actuar de Marte, bergamota (que debería ser mantenido fuera del contacto con la luz solar) para la sabiduría de Júpiter y aceite de árbol de té para los cambios necesarios instigados por Saturno.

• La lavanda y la rosa son aceites curativos que sirven para todos los propósitos y que ayudan a la dulce sabiduría intuitiva.

• Un pequeño quemador y barras o conos de incienso: pino para la energía y el dinero, rosa para el amor y la salud y sándalo para la visión psíquica y la protección.

• Una pieza de amatista sin cortar y sin pulir o cuarzo rosa suficientemente largo para usarlo como foco y para limpiar otros cristales.

• Un péndulo de cristal o un cristal claro de cuarzo afilado.

• Un pequeño espejo ovalado para profetizar.

• Pañuelos oscuros de seda para envolver los cristales y herramientas psíquicas cuando no se estén usando.

Preparación

La conciencia psíquica empieza por reconocer aquellos poderes intuitivos naturales que emergen espontáneamente en la vida cotidiana. Hay muchas maneras de aumentar su efectividad, de forma que estos no sólo operen de manera más efectiva en momentos de necesidad sino que también puedan ser aprovechados conscientemente para darnos el poder de explorar las opciones, investigar los senderos del futuro y estar más unidos a lo oculto, así como para expresar los sentimientos y las intenciones de los otros.

La primera etapa: relajación

Nada garantiza más que aparezca la tensión que el hecho de que nos digan que tenemos que relajarnos. La relajación efectiva comienza por tensar deliberadamente el cuerpo, parte por parte, y entonces disminuir la tensión gradualmente, para que el cuerpo físico y la mente consciente se frenen y permitan a la psique ganar expresión.

Relajado se es más receptivo a la sabiduría inconsciente, del mismo modo que los sueños y las visiones diarias pueden ofrecer soluciones y proporcionar inspiración que

eluda el pensamiento consciente. Cinco minutos de relajación antes del trabajo psíquico abrirán los canales de conciencia profunda y ampliarán los sentidos normales de
modo que el sexto sentido pueda comenzar a operar:

• Siéntese con las piernas cruzadas en el suelo, si es para
usted una posición naturalmente confortable, o en una silla que soporte bien su espalda y sus brazos para que sus
pies descansen suavemente en el suelo. Alternativamente,
puede tumbarse en la cama o en un montón de cojines con
la cabeza y los brazos apoyados en cojines.

• Empezando por los dedos de los pies, presione su pie
derecho contra el suelo o la cama.

• Enrolle los dedos en una bola tirante y entonces relájelos, visualizándolos descansando en una nube blanda.

• Presione el pie izquierdo contra el suelo, de nuevo apre-
tando los dedos y relajándolos gradualmente.

• Apriete la parte baja de sus piernas como si fuera a dar
una patada. Empiece a tensar la pantorrilla derecha, a
continuación relájela.

• Haga lo mismo con la izquierda y déjela, de modo que
cada pierna repose contra un banco invisible de vilano de
cardos.

• Tense los muslos, presionando uno contra otro, entonces relájelos, otra vez el derecho seguido por el izquierdo.
Luego haga lo mismo con sus nalgas, la parte baja de la espalda, el estómago y los brazos.

• Apriete sus manos simultáneamente hasta cerrar el puño, entonces déjelas caer a los lados, las palmas más arriba si está tumbado, o descansando en los brazos de la silla.

• Extienda la parte alta de la columna vertebral y el cuello, y déjelos caer suavemente en los cojines o la cama.

• Arrugue los ojos y luego relájelos.

• Finalmente presione su cabeza hacia arriba, como si se alzase hacia el techo de un coche, y déjela descender.

• Escuche su respiración. Progresivamente deje que su respiración sea más profunda y lenta.

Relajación visual

Añadir imágenes al proceso de relajación puede servir para derribar bloques conscientes. Relaje su cuerpo físicamente, mientras visualiza sus miembros presionando superficies suaves o rozadas ligeramente por flores o mariposas. Puede crear sus propios escenarios de relajación, quizás utilizando una grabación del mar o del viento a través de un bosque (hay una lista de los suplementos musicales al final del libro).

• Siente sus pies sobre la arena suave y caliente. Entiérrelos tan profundamente como pueda, empujándolos hacia abajo y luego relaje sus dedos hasta descansar una vez más en la ligera, suave y soleada orilla.

• Obsérvese a sí mismo encerrado en una burbuja de arco iris. Empuje hacia arriba con los brazos tan alto como pueda, de modo que presionen pero no penetren la reluciente membrana superior; entonces, retroceda.

• Ahora presione hacia fuera para tocar la burbuja por cualquiera de tus lados, para que de nuevo pueda sentir la flexible hendidura; luego baje las manos suavemente hasta los lados.

• Finalmente, observe una hermosa mariposa flotando sobre su cabeza. Mantenga el cuello y los brazos, su barbilla y finalmente su abdomen cada vez más quietos a medida que la mariposa se vaya posando en cada uno de ellos, y relaje cada parte al revolotear la mariposa hacia abajo y hacia fuera.

Los *chakras*

Los *chakras* son centros de energía psíquica basados en los puntos cardinales del cuerpo. Abrirlos a través de la visualización es un método efectivo de prepararse para el trabajo psíquico, y puede servir también para cerrar canales psíquicos.

El concepto de *chakras* proviene de la tradición hindú y budista del yoga, aunque cada vez se está haciendo más popular en Occidente.

El sistema que yo uso se basa en siete chakras, pero, de acuerdo con la tradición seguida, hay muchas variaciones en su número, lugares y funciones. Los chakras, llamados así después del sánscrito por la rueda, son frecuentemente pintados como un remolino de pétalos de varios colores. Son claros y giran en armonía cuando la mente, el cuerpo y el espíritu están de acuerdo.

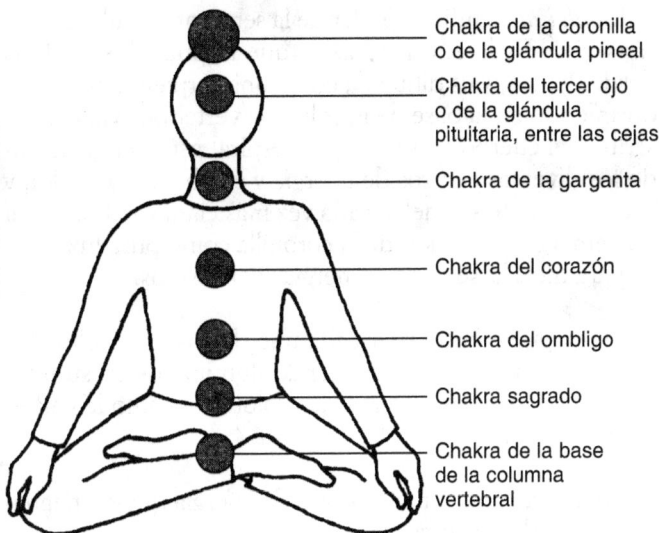

Chakra de la coronilla
o de la glándula pineal

Chakra del tercer ojo
o de la glándula
pituitaria, entre las cejas

Chakra de la garganta

Chakra del corazón

Chakra del ombligo

Chakra sagrado

Chakra de la base
de la columna
vertebral

Su cuerpo y los chakras

No se pueden ver los chakras físicamente, aunque experimentos japoneses han encontrado que los niveles de energía de las localizaciones hipotéticas de los chakras de personas que han trabajado en este campo de desarrollo espiritual durante años eran más mensurables que los de un grupo de control.

Se cree que la fuerza universal de la vida entra por el chakra de la coronilla en la parte más alta de la cabeza y se filtra hacia abajo a través de los otros chakras, cada uno de los cuales transforma la energía en la forma apropiada para la función que gobierna ese chakra. La energía *kundalini* también pasa en la dirección opuesta, del chakra de la base de la columna vertebral situado en la base de la columna hacia arriba.

Kundalini significa «poder de la serpiente o culebra» en sánscrito. Es la energía básica que impulsa los chakras desde dentro, y es dibujada como una serpiente enrollada durmiendo en la base de la columna vertebral. Viaja hacia arriba del cuerpo en un sendero espiral psíquico, activando los diversos centros de energía y cambiando el color, y eventualmente se vuelve cada vez más clara y pálida hasta que emerge del chakra de la coronilla como pura luz blanca para mezclarse con las energías del cosmos.

• Usted puede visualizar cada uno de sus arremolinados chakras abriéndose, ascendiendo iluminados en su interior y cambiando a través de los colores del arco iris antes de volver a bajar.

• No hay campos o nadires fijos de energía que sean iguales para cada persona.

• También puede visualizar las energías asociadas a los chakras individuales como rayos de energía o círculos de luz de colores.

Los colores de los chakras

• *El chakra de la base de la columna vertebral* o *Maladhara:* el chakra rojo, el chakra de la Tierra, está arraigado en la base de la columna vertebral. Se centra en la existencia física y en la supervivencia. Es el chakra del coraje y de la fuerza física.

• *El chakra sagrado* o *Svadisthana:* el chakra naranja, el chakra de la Luna, está situado cerca de los genitales y del sistema reproductor. Se centra en todos los aspectos de la satisfacción física y es el hogar de los cinco sentidos. Este es el chakra de todas las formas de fertilidad, necesidades y deseos.

• *El chakra del ombligo* o *Manipura:* el chakra amarillo, el chakra del Sol, está situado justo debajo del ombligo del plexo solar. Se centra en la asimilación de experiencias. Es el chakra del poder y de la determinación o la voluntad dirigida.

• *El chakra del corazón* o *Anahata:* el chakra verde, el chakra de los Cuatro Vientos, está situado en el centro o ligeramente a la izquierda del pecho, cerca del corazón. Se centra en las emociones y en la compasión. Este es el chakra del amor y el que está relacionado con los otros.

• *El chakra de la garganta* o *Vishuddha:* el chakra azul, el chakra del tiempo y del espacio, está situado cerca de las cuerdas vocales en el centro del cuello. Se centra en las ideas, los ideales y la comunicación clara. Este es el chakra de la verdad y del altruismo.

• *El chakra del tercer ojo o de la frente,* o *Savikalpa Samadhi:* el chakra púrpura, el chakra de la libertad, está situado en el centro de la frente, justo encima de los ojos. Se centra en la inspiración y en la conciencia psíquica. Es el chakra que permite conectar con otras dimensiones.

• *El chakra de la coronilla* o *Nirvakelpa Samadhi:* el chakra blanco, el chakra de la eternidad, está situado en el centro de la cima de la cabeza. Se centra en la conciencia espiritual y conecta con el uno mismo superior. Es el chakra de la sabiduría y del entendimiento. Es un chakra de doble camino, ya que recibe la luz del cosmos.

Meditación y conciencia psíquica

Los chakras son un medio muy poderoso para alcanzar niveles psíquicos de funcionamiento y conciencia. La meditación es el proceso de centrarse en un pensamiento, idea, imagen o incluso acción mientras se excluye cualquier otro tipo de pensamiento y acción. Todo aquel que haya soñado despierto o haya caído en un ensueño —observando un pájaro, admirando una flor, sentado al lado de una fuente, o realizando una acción rítmica como cavar en el jardín, influido por una música suave o incluso pasar la aspiradora por una alfombra estampada— ha tenido experiencia de la meditación espontánea.

El efecto fundamental de la meditación es crear un elevado estado de conciencia. Los colores pueden parecer más brillantes, la fragancia de una flor penetrante y los sonidos no sólo más elevados sino también cambiados, de modo que el ruido de los coches pueda convertirse en una cascada y las llamadas telefónicas en campanas de iglesia.

Lo ideal es meditar veinte minutos o más al día. Pero si sólo puede hacerlo durante cinco o diez minutos una semana antes del trabajo psíquico, todavía tendrá el efecto beneficioso de liberar tensiones y modificar su mente hacia los más bajos ritmos alfa que son la puerta de lo inconsciente. Los ritmos alfa son un estado alternativo de conciencia en el cerebro introducidos durante la meditación, relajación y de una manera espontánea, justo cuando estamos durmiéndonos o despertándonos. Es en este estado en el que se lleva a cabo el trabajo espiritual más creativo.

Utilizar los *mantras*

Un *mantra* es una frase o un sonido que se repite rítmicamente para ayudarle a entrar en un estado de meditación y para poder mantenerlo.

El mantra o sonido más básico y más usado comúnmente en el canto meditativo es *Om* o *Aum*, suele decirse que este es el sonido del universo, el sonido que lo introduce en el ser. De todos modos, puede utilizar cualquier ritmo o palabra sonora como foco.

Entone o piense en el mantra cada vez que espire.

Comenzar la meditación

Siéntese o túmbese confortablemente, como hizo para la relajación. Si está usando un foco, sitúelo de modo que pueda verlo sin necesidad de mover el cuello o la cabeza. Experimente colocándolo a diferentes alturas y distancias hasta que se sienta cómodo. Un foco natural es mejor, tal como una planta, una flor o una pequeña fuente de agua doméstica (puede hacerlo fácilmente con un recipiente profundo, una bombilla eléctrica pequeña y algunas plantas).

• Obsérvese a sí mismo rodeado de un cálido círculo de luz protectora.

• Deje que el círculo se expanda y se contraiga hasta que esté bañado por él, pero de modo que pueda mirar claramente hacia su foco a través de él.

• Si no tiene ningún foco externo, cierre los ojos y enfoque hacia el interior del círculo de luz.

• Alternativamente, dirija su mirada a una mancha en la pared, quizás un círculo dorado o plateado que haya colgado de una cuerda o haya pintado allí.

• Concéntrese en su respiración, tomando aire despacio y profundamente a través de la nariz y exhalándolo despacio por la boca.

• Deje que el foco, sea un objeto externo o una sola palabra, una frase o un pensamiento, se expanda por su mente y la llene, de modo que todas las demás visiones, sonidos y sensaciones retrocedan.

• Si tiene un mantra meditativo, repita la palabra lentamente en su mente cada vez que exhale y déjese llevar por el sonido del eco cada vez que inhale aire.

• Mantenga el pensamiento, la palabra o la imagen durante unos cinco minutos, repitiendo la palabra o dejando que la forma o el color del objeto fluya a través de usted.

• Después de un rato se encontrará a sí mismo alejándose gradualmente del foco, dejando que la imagen o el pensamiento se desvanezca.

• A medida que haga esto, los sonidos externos volverán y su límite normal de visión se ampliará.

Acción enfocada

Los estados espontáneos de meditación llegan cuando se está llevando a cabo una acción física repetitiva. A veces, cuando las mujeres están lavando, ven imágenes proféticas en la espuma del jabón. Los sabios podían manipular pilas de milenrama de una mano a la otra, y mientras lo hacían permitían a sus mentes decelerarse y abrirse psíquicamente para recibir la sabiduría del *I Ching*. La acción —incluso el trabajo duro— puede tener un efecto tranquilizador. Nuestros ancestros, que pasaban mucho tiempo realizando tareas repetitivas, tenían vidas más duras, pero seguro que no sufrían desórdenes relacionados con el estrés o la angustia que sí que se producen en nuestros días.

La meditación a través de acciones rutinarias debería ser inducida deliberadamente sólo donde no existen máquinas ni peligro alguno. Por ejemplo, remover un pequeño campo con una pala mientras se está sentado en la hierba provoca un buen momento para la meditación, pero intentar hacerlo mientras se conduce un cortacésped potente podría ser peligroso. Otros buenos ejemplos incluyen remover juntamente grasa y mantequilla en un cuenco grande, enrollar una bola de lana (otro ritual folclórico usado en los hechizos amorosos), esparciendo semillas o pelando guisantes. Cuánto más útil sea la acción, más predispuesta está la psique a ser introducida en un trance luminoso, segura en el conocimiento, de modo que no pueda ser acusado de perder el tiempo o de estar soñando despierto.

• Deje su mente en blanco y concéntrese en la acción hasta formar parte de ella.

• El ritmo físico dirigirá su mente hacia un nivel más profundo de conciencia. Al terminar, notará que una imagen, una palabra o una frase está haciéndose un lugar en su mente. Este fenómeno servirá para responder a una pregunta que sólo habrá formulado a medias, pero que es central para su buen funcionamiento.

Visualización creativa

La visualización difiere de la meditación en el hecho de que usa una imagen o un foco para un propósito predeterminado. Aprovecha los poco usados, pero valiosos, procesos de imaginación de los que dependen todas las formas de adivinación y de trabajo psíquico en general. Este es el poder que transforma una mancha de tinta que flota en el agua o las hojas de té de una taza en una imagen significativa desde nuestro profundo inconsciente que puede proporcionarnos la clave del dilema.

La visualización aparece naturalmente en los niños y en aquellas personas que viven en esas escasas sociedades que no han sido invadidas por la tecnología. Como adultos, no pensamos tan fácilmente en imágenes, nos hemos acostumbrado a verbalizar y a restringir nuestra creatividad a lo que puede ser narrado, por encima de sentir instintivamente o de ver con clarividencia.

Si puede desarrollar estos poderes naturales innatos de imaginación, las habilidades clarividentes y productivas se despliegan casi como un derivado. Puede aprovechar estas habilidades de producir imágenes para otras formas de adivinación como usar las cartas del tarot o las runas. En este punto, no sólo verá imágenes relacionadas con los símbolos de cartas o runas, sino que también tendrá visiones asociadas que las vincularán al presente o al futuro de la persona a la cual le esté prediciendo el futuro.

La visualización también amplía los límites de la posibilidad para abarcar todos los sentidos. Si puede visualizar una necesidad, puede tener el poder de convertir los sueños en realidad y transformar los pensamientos en acciones.

• Empiece por pintar algo que necesite. Como todos los sentidos psíquicos, la visualización opera más enérgicamente en la esfera de las emociones humanas y de los deseos reales.

• Céntrese en esa necesidad. Algunas personas usan un foco tangible: la postal de un lugar turístico o de un país que desee visitar, la foto de alguien a quien quiera y del que esté separado, el boceto de un coche o una casa que desee tener. Sea lo más específico que pueda —el color y el acabado del coche, tipo de vivienda y localización.

• Tanto si usa un foco externo como si se apoya únicamente en su imaginario interior, dibuje el deseado estado o posesión en el ojo de su mente, llamando para ello a todos sus sentidos, para hacer que la imagen sea tridimensional.

• Concéntrese en los detalles. Cuando esté preparado, cree en su visión mental el símbolo de aquello que desea.

• Vaya a través de cada paso, saboreando las emociones en cada etapa desde la ansiedad inicial al placer de llevar el proyecto a buen puerto.

• Si la necesidad es compleja puede que necesite repetir la visualización varias veces, puliendo los detalles, de manera que cada vez esté más cercana a la realidad proyectada.

• Puede ser que durante su visualización aparezca un nivel más profundo y que vea su nueva casa o su ser querido en una localización inesperada. Quizá vea pistas que le serán de ayuda en el mundo exterior.

• Para cualquier visualización puede construir un atajo para los sentimientos de felicidad o aquellos que le aseguran el éxito para que pueda usarlos en un futuro diciendo una frase como: «Cuando toque mi pelo o presione mi brazo suavemente, volveré a llamar a la alegría, la calma o la seguridad del éxito que estoy sintiendo ahora».

• Cuando haya terminado su visualización, empiece a convertir sus sueños en realidad desde los primeros pasos hasta la meta. Los poderes psíquicos pueden ofrecer un tremendo ímpetu hacia el éxito o la felicidad, pero no podemos descansar en ellos solos. Los sueños necesitan ser exteriorizados en el mundo si su conciencia psíquica está destinada a hacer que su vida sea más feliz y rica cada día en todos los sentidos.

Ejercicio: hacer frente a soluciones difíciles

Aprender a relajarse en la paz y la tranquilidad de su casa es ya un paso en el camino que ha empezado a recorrer. Sus técnicas de relajación y de meditación pueden serle útiles cuando esté tratando con alguien que está resultando difícil, quizás un colega, con una relación truculenta, con un vecino ruidoso o un funcionario mezquino. Antes de replicarles con un estallido de rabia —que es tan peligroso para usted como puede serlo para ellos, porque este hecho aumenta sus niveles de estrés— empiece respirando un minuto. Esto le permitirá mantener el control de sus emociones si él o ella está en medio de una diatriba o si anticipa una crítica espinosa o un poco de malicia. Al exhalar, visualice esta figura agresiva u obstructiva envuelta en una manta de lana rosa, y silenciosa y suavemente recite como su mantra: «Vaya en paz». Su silencio y su calma serán muy tranquilizadores. El agresor puede que se distraiga gracias a esta técnica, puede que pare a media discusión y se vaya.

Intente crear visualizaciones de ahora en adelante para diferentes situaciones de estrés, haciendo mantras para la meditación, dependiendo de las circunstancias.

Protección psíquica

La protección psíquica es un proceso que con el tiempo se convierte en algo tan automático como apagar las luces o comprobar que el coche esté cerrado. Principalmente, se necesita no sólo para evitar recoger entidades poco placenteras o energías negativas en su trabajo psíquico, sino también para prevenir a su propia psique de ser arrollada por la gran cantidad de impresiones que recibirá de otras personas y del mundo natural.

Los curanderos y aquellos que llevan a cabo trabajo psíquico son altamente receptivos y frecuentemente tratan con los problemas y los miedos de los otros. Por este motivo, a menudo absorben sensaciones negativas que pueden, si no se frenan, desbordarse sobre sus propias vidas. Además, algunas personas, sin intención alguna, pueden ser vampiros psíquicos, agotando las energías de los otros. Todos tenemos un amigo o un colega que viene a visitarnos, invariablemente repleto de desgracias, resentimientos y negatividad; cuando él o ella se marcha, se siente mejor al haber exteriorizado sus problemas, pero nosotros nos quedamos agobiados y deprimidos en beneficio suyo. Incluso sin personas semejantes, el trabajo psíquico más positivo puede dejar nuestros sentidos doloridos toda la noche.

Algunas personas insisten en que seguir elaborando rituales preordenados, usualmente tomados sistemáticamente de un libro o un profesor, conferirá automáticamente una total inmunidad para todo daño. Mi propia experiencia y una amplia investigación han demostrado que los métodos desarrollados personalmente, más que los utilizados por otras personas, son más útiles para dibujar límites en torno a nuestro trabajo psíquico y a excluir simbólicamente cualquier negatividad, tanto si emana de usted mismo como de los otros. Por esta razón, las siguientes sugerencias sobre la protección psíquica deberían tomarse sólo como ideas y formatos básicos. Puede adaptarlas a sus propias necesidades y sensaciones de modo que queden fundidas con sus propios y únicos poderes protectores y curativos y aquellos de su ser superior o de los espíritus guardianes.

Ninguna protección, por muy poderosa que sea, puede ser efectiva si las personas tienen afición por la magia negra o intentan armarse con entidades que no son terrestres. Tanto si los demonios que pueden ser desatados son psíquicos como psicológicos, son incontrolables y fatales.

La protección psíquica es doble: primero, ofrece paz a la mente para exploraciones en nuestra conciencia más profunda; segundo, nos protege no sólo de los demonios sino también de esas personas vivas que sienten malevolencia hacia nosotros y de quienes consciente o inconscientemente arrojan pensamientos negativos en nuestro camino.

Las reglas de oro son:

• No intente aprovechar otros poderes diferentes a los del mundo natural y sus propias energías internas.

• No use una tabla ouija.

• No llame a espíritus a la llama de una vela ni mantenga sesiones de espiritismo en las que llame a los muertos. Hablarle a una madre querida o a un abuelo que ha partido de una manera positiva y suave o sintonizar con las energías del pasado en un edificio viejo es muy diferente que a tratar de invocar fantasmas o espíritus como un modo de demostrar poder psíquico o solicitar información en interés propio.

• El transporte médium que implique contactar con los muertos en beneficio de otros debería intentarse sólo en situaciones controladas con la ayuda de un médium entrenado (direcciones para unos primeros contactos de círculos de formación se encuentran en la pág. 174). Me he encontrado con psíquicos que poseían un don y que casi se han vuelto locos pensando que podían controlar a los espíritus, enviar demonios contra sus enemigos o manipular poderes mágicos.

• Si alguna vez siente que se está obsesionando y excluyendo del mundo cotidiano, que su mente está siendo controlada por fuerzas exteriores, mundanas o de cualquier otro tipo, o que no puede cerrar del todo sus fuerzas psíquicas, ese es el momento de parar y concentrarse en actividades prácticas, terrenales, tales como la jardinería, la decoración o las cuentas de la casa.

• Si todavía se siente abrumado, solicite consejo de un curandero experimentado y médium.

• Como todos los dones, los poderes psíquicos no son intrínsecamente buenos o malos, sino que pueden ser usados con intenciones tanto negativas como positivas. Puede que note que un grupo o un individuo psíquico están rodeados por la oscuridad. Evítelos y contacte con una de las organizaciones con reputación, tanto cristiana como pagana, para contactos fiables y benignos. (*Pagano* viene del latín *paganus,* que significa simplemente moradores del campo. El paganismo es un término que sirve como comodín para designar a todas aquellas personas que celebran el mundo natural).

• La mejor protección es trabajar únicamente con intenciones positivas y nunca cuando esté enfadado, exhausto o ansioso. Como ejercicio en esta situación, golpee una almohada o mire una película divertida hasta que se sienta mejor, porque las malas sensaciones teñirán naturalmente lo que esté haciendo. Muchas de las llamadas intrusiones de duendes son reflejo de nuestros propios resentimientos sin resolver, alimentados por nuestros propios poderes psíquicos innatos.

Ángeles guardianes, arcángeles y guías protectoras

Estos espíritus benevolentes ofrecen la forma más tradicional de protección psíquica y, para algunos, proporcionan un foco específico de fuerzas benignas de luz y amor. Algunas personas invocan a los ángeles para que vigilen su habitación, otras a un guardián. Estos pueden ser ángeles tradicionales con alas doradas o guías personales que haya podido encontrar en los sueños o en el trabajo centrado en la vida pasada —un sabio, una monja, un sacerdote del antiguo Egipto, una sacerdotisa de la Atlántida o una amable abuela fallecida que nota que le vigila.

Todos conceptuamos la experiencia de la protección a nuestra manera y su propio guardián, aunque sea casero, es más efectivo que una evocación formal de un arcángel con el que no está directamente relacionado.

Cuando haya terminado su trabajo psíquico, dé las gracias silenciosamente a su(s) protector(es) y, ya que ha tomado protección del cosmos, restaure el balance con un pequeño acto positivo hacia alguien que necesite cuidados —alimente pájaros hambrientos, esparza unas pocas semillas en un área de tierra no amada, haga una llamada telefónica amigable o escriba una carta animando a alguien que esté solo o que no haya sido amable con usted a causa de una infelicidad personal.

Visualización de la luz

Si piensa que el concepto de un guardián personificado no se adapta a usted, intente concebir la protección cósmica como pura luz blanca o dorada.

• Imagine una luz pura blanca, dorada o amarilla envolviéndole.

• Un huevo o una figura esférica encerrando el cuerpo entero es mejor; imagínela en el ojo de su mente siguiendo el sentido de las agujas del reloj en un círculo ininterrumpido desde la parte baja de la cabeza.

• Si está trabajando con alguien más, cree un campo separado de fuerzas de luz alrededor de ellos de modo que no absorba ninguna de las dudas o de las penas que pueda generar durante el trabajo psíquico.

• Dibuje otro círculo de luz en el sentido de las agujas del reloj alrededor de cualquier recurso adivinatorio que esté usando.

• Deje que el caparazón de la esfera protectora se fortalezca con un campo iridiscente nacarado para que sólo puedan entrar los pensamientos cariñosos. Cualquier sensación negativa que provenga de cualquier fuente será devuelta a la que la ha originado.

• Puede colocar un caparazón de luz protector alrededor de aquellos a los que quiere siempre que parezcan vulnerables. Use una suave luz rosa para los niños y los animales y una púrpura para las personas mayores.

• También puede encerrar su casa o coche si tiene que dejarlo desatendido durante un rato.

• Use un caparazón gris suave si está viajando solo y tarde por la noche o en un lugar que no le resulte familiar para que le dé una protección extra además de las precauciones físicas que tome.

Protección instantánea

Una vez ha sido inicialmente creado, el caparazón psíquico de luz está siempre ahí a distancia. Cuando no está en uso, se desvanece meramente en el fondo. Si piensa que necesita protección instantánea, puede crear una pequeña incisión para que este caparazón se arme inmediatamente al asociarlo con un símbolo (véase el capítulo primero para más información sobre meditación y visualización). Este puede ser usado contra la negatividad en general y también si está manejando algún objeto en psicometría que ahuyenta las malas vibraciones o si visita un lugar para la clarisensibilidad o la clarividencia que parece poco amigable.

• Cree o use cualquier acción simbólica que trabaje para usted. Por ejemplo, puede trazar una esfera en el sentido de las agujas del reloj en su mano izquierda o en el aire alrededor de un amuleto que podría dar buena suerte, una medalla de san Cristóbal, un medallón plateado o un cristal alrededor de su cuello o en su muñeca. Estos símbolos funcionan mejor si están asociados a recuerdos positivos o sensaciones como la felicidad o el amor.

• Puede encontrar útil decir, tanto en silencio como en voz alta, las primeras veces que está estableciendo el vínculo entre el campo psíquico y el símbolo, palabras como estas: «Cuando yo dibuje esta esfera, mi caparazón de luz me protegerá».

• Puede repetir esta afirmación cada noche antes de ir a dormir para que esté a salvo de los pensamientos negativos mientras está durmiendo.

Un campo de fuerza psíquica

Si nota una hostilidad fuerte de alguien que se encuentra, o siente que una persona en particular está minando su confianza en usted mismo, tanto en su casa como en el trabajo, puede hacer más fuerte el límite de su caparazón o escudo activando su campo natural de fuerzas, también conocido como su cerca psíquica eléctrica.

Esta fuerza es parte del campo áureo, se cree que la energía psíquica rodea unos cuantos centímetros a personas, animales o incluso plantas. Con práctica, esta aura puede ser vista como un espectro de colores del arco iris, de acuerdo con nuestra salud y nuestro estado de ánimo.

Incluso sin un estudio de las auras puede usar este mecanismo natural de defensa para mantener alejado cualquier tipo de intrusión.

Las pinturas de los santos poseen chispas emanando de sus halos. Estas representan los campos de energía que todos poseemos y que podemos hacer servir para demarcar nuestros propios límites.

• Sacuda las yemas de sus dedos hasta que pueda sentir fluyendo la energía.

• Mantenga sus manos separadas 15 cm, los dedos extendidos y ampliamente abiertos, las palmas mirándose una a la otra.

• Junte las manos lentamente hasta que se toquen.

• Repita el ejercicio dos o tres veces.

• Puede que sienta una calidez o pesadez alrededor de sus manos al acercarse.

• Cuando sea consciente de esta sensación, mantenga las manos en la misma postura, otra vez 15 cm, separadas.

• Acerque sus manos hasta que casi se toquen, apártelas y vuélvalas a juntar. Continúe haciendo esto durante cinco o seis ciclos.

• Al mover las manos, observe cómo la luz se aclara y se vuelve más brillante creando chispas o rayos.

• Extienda estas chispas por su mano izquierda de modo que se muevan en el sentido de las agujas del reloj hacia arriba en la figura de la esfera dorada alrededor de su cuerpo hasta que se junten en su mano derecha.

• Las chispas de su mano derecha viajarán en el sentido de las agujas del reloj hacia abajo de su cuerpo, trazando el límite de la esfera y juntándose con aquellas que brillan desde su mano izquierda.

• Imagine las chispas como un zigzag dorado en amarillos y naranjas, de ningún modo dañinos, pero suavemente repeliendo cualquier negatividad.

• También puede trazar este campo de fuerzas alrededor de su cuerpo con un cristal claro de cuarzo, centelleando a la luz del sol, si está solo.

• Si está acompañado o en el trabajo y ve que el cuchicheo de la oficina o un jefe crítico se cruzan en su camino, dibuje en un papel un garabato de la elipse con una figura dentro, rodeada por chispas. Descubrirá que estas se alejan o se vuelven menos estridentes de lo normal. Pueden parar, pareciendo un acertijo antes de desaparecer rápidamente.

Cristales protectores

Ciertos cristales poseen poderes naturales protectores. Escoja una o dos de las sugerencias siguientes y aplíquelas a las esquinas de la habitación o las cuatro esquinas de la mesa donde está trabajando.

• Una pirámide de cuarzo claro o de amatista colocada delante de usted durante el trabajo psíquico o en su despacho de la oficina puede rechazar cualquier negatividad que se acerque.

• Use un cristal protector en una cadena o cuerda alrededor de su cuello, en un anillo o en un brazalete para que actúe como escudo frente a cualquier daño. La forma circular de estos marcos ofrece una seguridad adicional.

• Alternativamente, lleve un cristal defensivo en su bolso o bolsillo.

• Los cristales protectores incluyen tradicionalmente: ágata negra, amatista, jaspe granate, negro, cobrizo y rojo, azabache, lapislázuli, obsidiana, cuarzo rosa, cuarzo gris, sodalita, ojo de tigre, topacio y turquesa.
Si tiene un cristal personal que haya sido dotado de energías positivas curativas, será igualmente efectivo que su guardián personal.

Preparar y limpiar su cristal protector

Uno de los métodos más simples pero más efectivos de purificación es invocar el simbolismo de los antiguos elementos, tierra, aire, fuego y agua, que los antiguos griegos creían que eran los bloques del universo.
Todavía en la actualidad se sigue pensando en estos elementos como focos de la energía del mundo natural y, de

acuerdo con el psicólogo Carl Gustav Jung, representan los aspectos de nuestra psique: la tierra representa la sensación; el aire, el pensamiento; el fuego, la intuición, y el agua, el sentimiento.

• Antes de usarlos, rocíe sus cristales protectores con sal de mar para la seguridad y los conocimientos básicos de la tierra.

• Luego pase los cristales a través del humo de una barra de incienso —o haga flotar el humo sobre ellos— o aceite de quemar con una fragancia limpiadora como enebro o pino para la lógica y el coraje del aire.

• Pase los cristales a través o por encima de la llama de una vela dorada o amarilla para la visión clara y la inspiración del fuego.

• Finalmente, rocíe los cristales con agua de rosas para el amor, o agua pura primaveral para la sensibilidad innata y la adaptabilidad del agua.

• Después de usarlos, limpie sus cristales protectores con agua corriente. Si ha estado en contacto con una persona particularmente negativa, deje los cristales con una pieza grande de amatista o de cuarzo rosa durante unos cuantos días, en agua o envueltos en una prenda oscura.

• Alternativamente, pase un péndulo de cristal claro sobre los cristales en el sentido opuesto a las agujas del reloj nueve veces, y verá los poderes oscuros, brumosos y negativos alzarse hacia el péndulo y cómo son absorbidos por él. Limpie el péndulo con agua corriente.

Hierbas protectoras, aceites e incienso

Aceites esenciales

Puede quemar un aceite protector antes o después del trabajo psíquico o si tiene un visitante que agota sus energías. Los poderosos aceites protectores de quemar incluyen: madera de cedro, ciprés, menta, pino, romero, salvia o tomillo.

Si es posible, relájese antes de la exploración psíquica tomando un baño con un suave aceite protector —no más de diez gotas en total—. Esto puede resultar especialmente curativo si ha estado tenso durante el día. Los aceites protectores de baño incluyen: rosa, geranio, lavanda o sándalo.

Hierbas protectoras

El laurel, la albahaca, la lavanda, el perejil o la rosa están considerados particularmente efectivos para la protección. Haga una infusión con uno de ellos añadiendo dos o tres cucharadas de hojas secas o frescas y aplastadas a una taza de agua y deje que hierva durante diez minutos antes de colarlas.

• Vierta unas pocas gotas de la mezcla cuando esté tibia en las esquinas de la habitación en la que llevará a cabo la sesión psíquica.

• Haga lo mismo en la habitación en la que vaya a dormir para tener un sueño tranquilo después del trabajo psíquico o de un día estresante.

• Vierta unas cuantas gotas en el umbral de una habitación para prevenir que entre la hostilidad.

Puede también usar la infusión para limpiar cada habitación, empezando por la puerta principal y después siguiendo desde la parte alta de la casa hacia abajo si ha habido algún trastorno doméstico que ha dejado malas sensaciones o conflictos sin resolver. Vierta la infusión restante fuera de la puerta trasera, o de una ventana trasera si vive en un apartamento.

Incienso

Quemar incienso es un preludio natural de la sesión psíquica. Los inciensos que parecen inducir a la conciencia psíquica llevan con ellos su propia protección natural. Use conos, barras o carbón de incienso para quemar. También puede quemar aceites protectores después de la sesión psíquica o para remover emociones persistentes, especialmente las negativas.

También son un buen recurso para limpiar una casa de malas sensaciones o críticas injustas que han engendrado resentimiento y dolor. Mis inciensos defensivos favoritos son: cedro, sangre de dragón, incienso, goma arábiga, enebro, mirra o sándalo.

Cerrar totalmente sus energías

Una de las maneras más efectivas de demarcar el final de un periodo de concentración de exploración psíquica es tener un periodo de transición en el que usted ordena y coloca el equipo, lava los cuencos que haya podido usar para profetizar (véase página 86), barra cualquier ceniza o hierba que haya podido esparcir y limpie los cristales debajo del agua. No está cambiando su conciencia psíquica, meramente está delimitando el paso a otro estado en el día donde aparecerán otras energías.

• Colocar cada cosa en su caja del tesoro y cerrar la tapa es una señal psíquica de que está aparcando este aspecto de su mundo durante un rato.

• Tomar una simple comida o beber con los amigos que han compartido la sesión psíquica le permitirá gradualmente devolver sus energías a la esfera cotidiana. Por esta razón, la comida y la bebida eran siempre una parte de los festivales tradicionales agrícolas de las estaciones del año y todavía tienen un lugar en la religión más formal, por ejemplo la Fiesta de la Cosecha.

• El método más simple implica lavar sus manos y salpicar su cara con agua primaveral pura desde un recipiente de vidrio en el que se ha mantenido un cristal claro de cuarzo. El recipiente de cristal debería haber estado de pie durante un periodo entero de 24 horas, preferiblemente al sol y de luz de luna llena o creciente, aunque la luna menguante es buena para las energías restantes.

• Antes de lavar, algunas personas hacen el signo de la cruz sobre el agua, tanto la cruz cristiana como el signo astrológico armado diagonalmente, como una medida protectora auxiliar.

• No seque sus manos y su cara, pero sí sacuda el agua de sus manos y deje que se sequen naturalmente.

• Vacíe el agua restante en la tierra, tanto en el jardín como en el tiesto de una planta o en una repisa.

• Rellene el cuenco con agua pura de primavera.

• Finalmente, déle vueltas a un péndulo de cuarzo de cristal claro nueve veces sobre su cabeza en el sentido contrario de las agujas del reloj para acabar con la negatividad persistente o las energías psíquicas incontroladas.

• Observe su caparazón protector de luz cómo se desvanece suavemente, pero vigile que esté siempre allí por si lo necesita, ya que son sus poderes intuitivos.

Cerrar los chakras

Si ha encontrado útil el concepto de chakra definido en el primer capítulo, puede terminar un periodo de trabajo psíquico cerrando los centros de energía que haya abierto para el flujo libre del poder espiritual y la inspiración y el intercambio de energías con la tierra y el cielo.

• Visualice los pétalos del chakra girando cada vez más despacio, para que puedan girar suavemente y en armonía, al tiempo que la energía cósmica espiritual pura fluya por su cuerpo y los colores se fundan naturalmente entre sí.

• Empiece con el chakra de la coronilla y calme los pétalos que giran, para que la luz blanca pura se vuelva más brumosa y eventualmente se mueva hacia abajo hasta juntarse con la energía púrpura en el chakra del tercer ojo, en la mitad de su frente. Sus pensamientos están quietos.

• Deje que el chakra del tercer ojo también se calme y que el rico púrpura se transforme primero en un azul profundo y luego en un azul pálido, al tiempo que la luz se desplaza hacia abajo, hacia su chakra de la garganta.

• El chakra de la garganta se calmará también al transformarse el azul en turquesa y eventualmente en verde cuando alcance el chakra del corazón, en el centro del pecho. Puede notar que su corazón se ralentiza hasta llegar a un suave latido.

• El verde se mueve hacia abajo hasta fundirse con el amarillo del chakra del ombligo, justo debajo del ombligo, que también se calma como el sistema digestivo que descansa.

• La luz se volverá naranja cuando se mueva despacio hasta el chakra sagrado, situado básicamente debajo del ombligo, cerca de su sistema reproductor. Los deseos y anhelos se difuminan y el poder desciende hasta sentir una cálida pesadez en la base de la columna vertebral.

• Aquí la energía es de un rojo profundo y este *kundalini* o energía del chakra de la base de la columna vertebral se enrolla, durmiendo pero siempre alerta, como una batería recargándose o un generador sin conexión con su almacén de energía.

• Si se va a ir a la cama, ahora su sistema está tranquilo, imagine sobre usted mismo en el ojo de su mente una nube rosa de algodón, como un saco de dormir relampagueando sobre su cabeza de manera que esté seguro cuando descanse o duerma.

• Si es difícil, mantenga, como un foco entre sus manos, un pedazo de cuarzo rosa que no esté cortado ni pulido e introdúzcase en sus profundidades turbias y tranquilas.

Ejercicio: crear una botella protectora

Uno de los rituales protectores caseros más antiguos, practicado especialmente entre la gente de la Antigüedad a ambos lados del Atlántico, incluye una pequeña botella oscura de vidrio y una madeja de hilos, lana y sedas adornadas. A los niños les encanta esta actividad.

• Llene una cesta de rafia con lanas de diferentes colores, sedas, hilos o incluso trozos de cuerda. Póngala al lado de la botella o jarra, que debería contener una pizca de sal para la curación.

• Si hay niños que todavía son pequeños, puede que quiera cortar los hilos en trozos de 8-9 cm, pero deje las tijeras cerca del cesto.

• Cuando una persona regresa a casa preocupada, enfadada o resentida, déle para que corte un trozo pequeño de hilo de modo que represente una mala sensación, luego introdúzcalo en la botella.

• Si hay un nudo atado en el hilo, la energía está limitada y puede ser transformada en un poder protector positivo.

• Use hilos separados para problemas o frustraciones individuales —pasarse cinco minutos llenando la jarra hace maravillas con los niveles de estrés.

• A medida que cada trozo se vaya introduciendo en la botella o jarra, la persona debería decir:

> Enreda la lana,
> cura el enfado,
> mantenme a salvo
> de cualquier daño.

• Esta es sólo una versión de un ritual cuyas variaciones forman parte de las tradiciones de la vida familiar que murieron con el crecimiento de la urbanización y el declive de las familias extensas. Estas rimas antiguas y rituales dan fuerza a los poderes psíquicos espontáneos.

• Cuando la botella está llena, añada una espiga de romero fresco o una pizca de romero seco para transformar la negatividad en un poder curativo, cierre la botella y manténgala en un lugar elevado.

• Empiece una nueva botella y, cuando esté completa, tire la antigua. De este modo mantendrá su casa positiva y las energías protectoras se renovarán.

Psicometría

Muchos de nosotros tenemos recuerdos, cosas que no tienen valor monetario, pero sí valores sentimentales y nostálgicos que estimulan nuestra memoria y nos recuerdan secuencias de hechos de nuestra propia vida. Fotografías viejas, cartas, monedas, botones, entradas, programas, certificados o recuerdos de las vacaciones. Individualmente pueden parecer pequeños e insignificantes, pero colóquelos juntos de un modo imaginativo y tendremos una manera de comunicar "Yo estuve aquí. Yo hice esto. Yo aprendí aquello. Yo existía y existo"». (Yvonne Malick, que crea cajas de recuerdos personales para que personas afligidas puedan conmemorar las vidas de los miembros familiares muertos). Si alguna vez ha entrado en una casa y ha decidido inmediatamente que tiene *buenas vibraciones*, o ha escogido una joya o un coche por la misma razón y está a gusto con su compra, entonces ya ha usado psicometría, el arte de sacar impresiones de objetos inanimados. Como es un talento natural, es un buen punto de entrada en el desarrollo psíquico.

En algunas personas, esta habilidad está desarrollada hasta un punto alarmante. Un psicometrista experto puede, por ejemplo, coger un broche y relatar hechos de los propietarios presentes y anteriores. Un buen intérprete de la palma de la mano constantemente toca la palma de un cliente y frecuentemente obtiene más información de las energías que él o ella siente que laten en la mano que usando el significado tradicional de las líneas.

Usar un objeto para extraer impresiones psíquicas

La tarea psicométrica no pide que usemos una obra valiosa de arte ni una moneda romana. La mejor psicometría incluye tocar objetos que llevan con ellos un gran valor sentimental, por ejemplo un anillo o collar familiar, una vieja foto o un ornamento que haya pasado por diferentes generaciones de una familia. Una tetera alrededor de la cual familia y amigos se hayan reunido en la alegría y en el sufrimiento durante décadas puede poseer un gran tesoro de impresiones psíquicas. Las habilidades psíquicas operan mejor a través del canal de las emociones humanas. Muchas experiencias tienen lugar espontáneamente. Sue de Pensylvania encontró que el joyero de su abuela era vigilado por la vieja dama diez años después de su muerte:

> Mi abuela murió, pero hasta diez años después los contenidos de su casa no fueron ordenados. Mi madre recogió varias joyas pequeñas, que sólo tenían un valor sentimental. La intención era darnos a cada uno de nosotros una joya.
>
> Algún tiempo después fui a casa de visita, le pregunté a mi hermana si prefería el brazalete o los pendientes. Ella dijo: «Llévate los dos, yo no quiero ninguno». Estas palabras me confundieron. Ella me contó que durante el verano, cuando estaba en la cocina, vio una sombra por una esquina de su ojo. Su primera impresión fue que se trataba del gato saltando sobre el mostrador (algo que el gato no hace normalmente). Cuando se giró para perseguirlo, el gato no estaba. Por la noche empezó a

oír lo que ella llamaba ruidos deliberados y golpes en la casa. Ambas habíamos crecido en esta casa y estábamos familiarizadas con todos los ruidos normales que hacía.

Un día mi madre le dijo a mi hermana: «Vas a creer que estoy loca, pero he estado viendo sombras por toda la casa. ¡Cuando me giro para enfrentarme a ellas, no hay nada!». Parecía que estuviesen experimentando exactamente lo mismo. Ya que estos hechos empezaron después de que mi madre sacara el joyero, todos pensamos que había una conexión. Incluso, aunque mi hermana no se sentía cómoda quedándose ninguna joya, me llevé el brazalete y dejé los pendientes. Cuando cada una tuvo algo, los disturbios cesaron. Sólo puedo pensar que mi abuela quería cerciorarse de que aprobaba el modo cómo se dividían sus joyas y quería que yo tuviese el brazalete.

Poca gente puede detectar la presencia de un antiguo amo de una joya de un modo tan vivo. De todas maneras, muchas personas sienten impresiones del pasado o emociones que no están conectadas con sus propios sentimientos si cogen un tesoro familiar o tocan las paredes de un castillo en ruinas o de un monumento antiguo.

¿Cómo trabaja la psicometría?

Hay dos teorías que explican la psicometría, y ninguna de las dos excluye a la otra. Las más poderosas y cuidadosas impresiones psicométricas pueden tener lugar cuando ambos canales están abiertos.

Psicometría del espacio

La historia del objeto en sí mismo o de su lugar de origen puede ser el foco. Si un artículo ha permanecido en una misma familia durante generaciones, puede retener una historia familiar entera, del mismo modo que una grabación de un gramófono registra música y palabras. Objetos de lugares antiguos parecen absorber huellas emocionales y psíquicas de aquellos que han vivido en esos lugares, pisado sus campos o salas y que lo han visitado a lo largo de los años. Las impresiones más fuertes de la psicometría del espacio provienen de hechos dramáticos o violentos —como asesinatos y batallas— o la experiencia de largos periodos de tranquilidad ininterrumpida, como es el caso de una abadía donde los monjes pueden haber vivido durante cientos de años siguiendo el mismo patrón, de modo que sus vidas se han fundido.

La clarisensibilidad, sentir una atmósfera, es semejante a la psicometría, como lo es la clariaudiencia, oír voces del pasado. Estas son partes de la experiencia psicométrica, disparada por el tacto. La clarividencia, ver figuras o escenas del pasado, puede estar estimulada por una experiencia psicométrica. Para muchas personas, estas habilidades psíquicas pueden aparecer gracias a la psicometría.

Psicometría de la experiencia y asuntos corrientes

Un artículo puede servir para transmitir información no sólo de su propia historia sino también del pasado, presente y futuro de la persona que realmente es el amo del objeto. En este segundo tipo de psicometría, el artefacto está actuando como un transmisor de información psíquica del mismo modo que la bola de cristal o las cartas del tarot canalizan las impresiones intuitivas transmitidas desde el objeto al vidente.

Ambos tipos de psicometría pueden tener lugar simultáneamente, pero usualmente una predomina de acuerdo con la naturaleza del problema y del propósito del ejercicio. Si visita un lugar antiguo y toca las piedras, probablemente aprenderá más del lugar que sobre sus presentes dilemas o de los de cualquiera que esté presente. De todos modos, si está sosteniendo el anillo de la abuela de un amigo suyo, podrá sentir no sólo la historia de los anillos, sino también cosas que su amigo no le dijo sobre la vida de su abuela, transmitidas desde su psique a la suya a través del anillo. Frecuentemente el eco de esos sucesos problemáticos en la vida de un antiguo amo.

Cuanto más nuevo o menos personal sea el objeto, sacará más información sobre el que pregunta que sobre el objeto propiamente dicho.

Empezar la psicometría

El mayor problema al empezar la psicometría es aprender a confiar en sus instintos. Inicialmente, si identifica los objetos a través de las sensaciones y no visualmente, puede dejar a un lado la tentación de confiar en procesos lógicos que automáticamente le llevarán a hacer deducciones sobre la edad y el probable propietario del objeto.

• Pídale a un amigo que le traiga un objeto que tenga por lo menos 20 años de antigüedad —preferiblemente que sea más antiguo— y que tenga un valor sentimental para su familia.

• Colóquelo en una caja cerrada de manera que no pueda verlo.

• No le pida a la otra persona que sostenga el objeto. Inicialmente, usted se está concentrando en la historia propia del objeto.

• Pídale a su amigo que le deje solo mientras experimenta para que no se sienta presionado por el éxito en este estadio temprano (esto puede conducir a suposiciones).

• Con los ojos cerrados, ponga las manos en la caja y sostenga el artículo con las manos sin tratar de identificarlo de un modo muy preciso.

• Mueva sus palmas y las yemas de los dedos suavemente sobre la superficie, todavía con los ojos cerrados.

• No fuerce las impresiones. Deje que emerjan de forma natural los colores, los sonidos, incluso las escenas durante unos minutos.

• Puede sentirse a sí mismo, moviéndose dentro del objeto de modo que le encierre, de un modo parecido a como alguien que lee la bola de cristal se proyecta a sí mismo dentro de la esfera de vidrio.

• El objeto cada vez se mostrará más cálido. Este es un hecho común en la psicometría y muestra que está entrando en contacto a un nivel elevado.

• Si no siente nada, siga tocando el objeto, viéndolo en el ojo de su mente en un marco, que puede que no sea el que se esperaba. Si previamente ha reconocido el objeto, puede que lo haya situado inconscientemente en un contexto esperado.

Durante uno de sus primeros intentos de psicometría, Pauline, una de mis alumnas, estuvo viendo lo que ella sentía como una pequeña figura de porcelana rodeada de multitudes de personas metidas en un frío recipiente de metal salpicado por el mar. Ella descubrió que era una figura de una pastora de Dresde que había pertenecido a un soldado que había participado en los desembarcos del día D. Él la había llevado durante toda la guerra como un talismán. El recipiente había sido una embarcación de desembarco y la nieta del soldado también usaba la pequeña figura como su amuleto de buena suerte —y estaba prometida con un marinero.

• Gradualmente aléjese del objeto para ver en su imaginación una mesa en la que el objeto se encontraba en su momento más significativo. Sienta la habitación y cualquier persona en ella.

• Puede escoger seguir a una de las personas, notando sus ropas, mobiliarios y palabras.

• La imaginación es la puerta de entrada a la psique, así que no se preocupe de estar inventándose hechos.

• Cuando ya no reciba nuevas impresiones, abra los ojos.

• Pregúntele a su amigo qué conoce sobre la historia. Si la información que ha recibido no parece concordar, no significa que haya fallado.

Investigaciones posteriores pueden revelar que esas imágenes pertenecen a otra persona que poseía el objeto; preguntas a amigos de la familia mayores pueden a menudo ofrecer respuestas o claves, y se sorprenderá de su propio acierto en ese intento inicial. Los artículos pueden pasar por muchas manos, incluso en un número comparativamente corto de años, de manera que puede que nunca sea capaz de probar su teoría. Pero en el elusivo campo de la psique, las demandas de pruebas más consistentes pueden llevar a las percepciones mágicas a una era pasada.

Desarrollo de la psicometría del objeto

La técnica básica para toda psicometría del objeto se describe más abajo. Una vez que haya empezado a trabajar para amigos y conocidos, encontrará más natural mirar al objeto que esté sosteniendo.

• Cuando lo haga, describa en voz alta sus impresiones, aunque sean improbables, sin intentar racionalizarlas.

• Siga hablando antes que le interrumpan para preguntar si la información es correcta. Este hecho puede interrumpir la fluidez y destruir la confianza si la otra persona duda o cuestiona sus sentimientos.

• Grabar las sesiones implica que puede discutir los detalles después y tener una grabación para contrastar con los archivos familiares o con conocidos más mayores.

• Mientras esté concentrado no le pida a la persona que sostenga el objeto, ya que puede introducir información personal sobre su vida cotidiana y problemas. Eventualmente, podrá hacer funcionar conjuntamente los dos tipos de psicometría —objetos y propietarios.

Psicometría del lugar

Empieza por un lugar que posea reconocida antigüedad, un círculo antiguo de piedras, un montículo funerario o un castillo en ruinas donde pueda recoger piedras y cerámica y sostenerlos. Muchos museos industriales han reconstruido edificios donde se puede sentar y tocar el mobiliario, cacharros y maquinaria en desuso. Si un lugar ha sido completamente vaciado, la psicometría puede ser más fácil que en una majestuosa casa amueblada elaboradamente con objetos de muchos lugares diferentes que no han compartido la vida de la casa. Muchas veces una reconstrucción detallada de un periodo que se centra en las vidas de los nobles y famosos puede empañar la veta más rica que puede estar compuesta por la vida de personas corrientes que han trabajado como sirvientes durante siglos.

• Si la casa o el castillo está amueblado, intente usar cualquier mueble que haya estado en la casa durante siglos.

• No investigue la historia, sino que permita fluir sus impresiones al tiempo que palpa las paredes o un objeto que le atraiga.

• Durante toda la experiencia, mantenga un contacto táctil con el artículo o el edificio.

• Una era particular puede predominar en las imágenes que vea o en los sonidos que oiga con el oído de su mente. Posteriormente, la investigación puede mostrar que se trata normalmente de un periodo en el que han ocurrido hechos dramáticos en ese lugar.

• Si es posible, visite el lugar temprano o a última hora antes de cerrar, de modo que nadie le moleste.

• Quizá pueda sentarse en un nicho o en un asiento, tocando una pieza original de paneles o la señal de una flecha en una pared exterior.

• Deslice sus manos por encima y alrededor del objeto. Sienta la textura de su superficie en un nivel consciente —áspero, liso, frío, duro—, y luego sienta cómo el objeto se calienta.

• Mire ahora dentro de la piedra u objeto, usando el ojo de su mente. Puede en ese momento sienta la necesidad de cerrar los ojos.

• Acepte la primera imagen o sonido que venga. Permita que fluyan las imágenes, aunque no tengan conexión alguna, hasta que el rompecabezas se solucione.

• Al continuar con el contacto físico, deje que su visión interior se mueva más allá del objeto, igual que en sus primeros experimentos, y deje que aparezca el propietario en palabras o en una imagen súbita, externamente o en el interior de su mente.

• Puede que la persona o personas que vea le sorprendan. Algunas veces alguien a lo largo de la historia quedó ligado a un lugar o a un objeto y dejó una fuerte huella que pasará por encima del propietario original o habitantes. Enrique VIII, por ejemplo, por su fuerte personalidad, es un visitante frecuente de muchas casas majestuosas en el sur de Inglaterra.

• Después mire a su alrededor inmediato para descubrir claves que hagan referencia a localizaciones que viera de forma psicométrica. Estudie cuidadosamente cualquier retrato y lea no sólo la guía sobre la propiedad, sino también visite un museo de historia local donde pueda encontrar leyendas, mapas viejos e incluso listas de sirvientes.

A menudo una charla con el director y una historia muy detallada del edificio pueden explicar una desesperación repentina o un miedo que se haya experimentado al tocar objetos en una habitación determinada, en la que puede haber habido un asesinato. Muchos directores no se sorprenderán ante sus preguntas y normalmente tendrán historias propias de sucesos extraños que han ocurrido en el lugar que usted ha identificado.

Puede incluso descubrir un agujero o una puerta secreta tocando un panel y experimentar una urgencia repentina y la necesidad de esconderse (véase también el cuarto capítulo sobre clarisensibilidad).

Psicometría personal

Esta constituye una potente alternativa a métodos de adivinación más convencionales como el tarot y las runas. Ofrece, especialmente cuando los problemas son complejos, una visión de los vínculos entre sucesos pasados y la acción futura en la vida de un individuo.

• Sostenga entre las manos un objeto personal como un anillo, un reloj, un collar o un anillo de sellar que pertenezca a alguien con el que se sienta cómodo. Este objeto no tiene que ser particularmente viejo, pero si tiene un valor sentimental aumentará la energía emocional que aumenta la transmisión psíquica.

• Con todas las formas de psicometría personal, usualmente progresará desde el pasado a través del presente y al futuro de la persona sujeto del estudio.

• Las escenas de la niñez son las más comunes, quizá porque es entonces cuando el mundo psíquico es más fuerte, y por eso son las escenas más fáciles de obtener con psicometría (y con otro tipo de trabajo psíquico).

• Pida a la persona interesada que sostenga su posesión durante unos minutos mientras se concentra en cualquier problema o dilema que le interesa.

• Sostenga el objeto para que sus vibraciones psíquicas y las de la otra persona se fundan en este.

• Finalmente palpe el objeto usted mismo con los ojos cerrados, si ello hace que el enfoque psíquico sea más fácil.

• Deslice las yemas de sus dedos y sus palmas sobre la superficie durante unos minutos.

• Con la práctica, será capaz de distinguir si una imagen pertenece a un pasado lejano o a uno más reciente.

• Leer el futuro es el aspecto más importante de cualquier adivinación psíquica personal, ya que usualmente esta se relaciona con el deseo de conocer el futuro que ha llevado a una persona a este proceso. Lo que está viendo son campos potenciales.

La clave para llegar a ser un buen adivinador es presentar estas posibilidades como opciones positivas para que el interesado sienta que tiene un pleno control sobre su destino y sienta confianza en el futuro, aunque muchos obstáculos se interpongan en el camino.

Una muestra de ejercicio psicométrico

Julie tenía poco más de veinte años y se acababa de graduar en el colegio. Ella planeó pasar un año trabajando en un bar en España, mejorando su español y pasándoselo bien antes de empezar una carrera relacionada con la contabilidad. Sin embargo, sus padres insistieron en que debía establecerse en su profesión, ahorrar para una casa y asentarse en lugar de marcharse después de años de educación.

Julie le dio a Lin, una psicometrista experimentada, un abanico que había pertenecido a su bisabuela, que había ido a Inglaterra desde España a principios del siglo xx para casarse con el bisabuelo de Julie, un marinero del norte industrial. Ella nunca había regresado a España y no había ningún pariente con quien su familia se hubiera mantenido en contacto. Lin no sabía nada de esto, sólo sabía que el abanico había permanecido en la familia durante años.

Lin sostuvo el abanico y vio un vívido árbol verde oscuro, lleno de naranjas, cabras marrones y una adolescente de piel oscura y descalza corriendo y riendo detrás de las cabras que se habían escapado en un campo de patatas. Luego las cabras llegaron a la orilla en la que había un bote de marineros remando en la playa. La chica fue secuestrada, amordazada y metida a la fuerza en el bote, y devuelta a un enorme barco de vapor de madera, donde la encerraron en la oscuridad. Lin oyó gritos de terror al ser la chica atacada una y otra vez hasta tomar puerto en los muelles de Liverpool.

Luego, Lin no sintió nada más que oscuridad y manos empujándola hacia arriba. La oscuridad se fue aclarando poco a poco hasta convertirse en impresiones de una boda con un hombre mucho más mayor.

El gris subsiguiente sólo fue roto por el vívido color del abanico y una chica, ahora prematuramente mujer y madre, bailando flamenco, baile que ella había amado de pequeña, cuando no había nadie alrededor.

Lin había descubierto un secreto familiar, uno que la familia de Julie no deseaba discutir pero que ella pudo comprobar en el registro de la parroquia sobre la boda de su bisabuela española y un hombre 35 años mayor que ella, un director de pompas fúnebres.

Lo que fue vital para Julie fue la certeza de que ahora ella debería buscar su felicidad en la tierra de su bisabuela y quizás aprender las viejas canciones y bailes.

Julie visitó España y entendió su herencia oculta. Ella volvió muchas veces en los años siguientes recreando lo que era una parte natural e importante de sí misma.

Ejercicio: psicometría con extraños

Una vez que haya practicado la psicometría informal con amigos, tiene que encontrar más gente para practicar. Lleve a cabo todos los ejercicios que pueda, registrándolos en su diario psíquico.

Al poco tiempo verá cómo las impresiones llegan más fácilmente y con más precisión, incluso si no está tratando de practicar.

Entonces puede recurrir a colegas y a extraños relacionados con el tema. Necesitará ser muy sutil, pero las oportunidades surgirán naturalmente al poder admirar un libro, al coger un manojo de llaves casualmente, a medida que mueva los dedos suavemente a lo largo de una fina pieza de antiguo mobiliario. Puede recibir impresiones de la historia del objeto o de su propietario.

Gradualmente, inserte la información psíquica en la conversación, haciendo preguntas sobre el origen de un artículo o planes de vacaciones o antecedentes familiares, para confirmar sus visiones intuitivas.

Si alguien parece preocupado, la psicometría le puede ayudar a realizar las preguntas correctas y a ofrecer consejo adecuado.

Clarisensibilidad

L a clarisensibilidad puede ser definida como la habilidad psíquica, semejante a la intuición, que descansa en el sexto sentido de obtener impresiones de lugares o personas que no son accesibles a la parte consciente de nuestra mente. El ejemplo más común es la habilidad de notar una atmósfera extraña al entrar en una casa. Esta habilidad no requiere un contacto físico con los objetos, como sí que ocurre con la psicometría, pero puede revelar por sí misma un malestar general, el erizamiento de los pelos de la base de la nuca o una sensación clara de frialdad. La clarisensibilidad puede disparar experiencias de clarividencia o la clariaudiencia. Algunas personas ven antiguos habitantes tanto a través del ojo de su mente como externamente. Algunas personas usan la clarisensibilidad seguida de la psicometría para explotar todos sus sentidos psíquicos.

La mayoría de las experiencias de clarisensibilidad son positivas. Las casas pueden retener atmósferas felices de antiguos habitantes, tanto vivos como muertos. Algunas rezuman una constante sensación de paz. Después de que un miembro de la familia haya muerto, los familiares pueden notar la calma, la presencia cariñosa de la persona muerta alrededor de la casa antigua inmediatamente después del funeral, en aniversarios o en tiempos de tristeza. La mayoría de los fantasmas familiares son experimentados de esta manera, antes que ser vistos y oídos.

Tales experiencias son normalmente espontáneas, pero también es posible sintonizar con lugares o con la esencia de las personas que hemos amado y que han muerto visitando lugares en los que compartimos recuerdos felices con ellos. Ann, que es una editora de libros, me describió sus experiencias de clarisensibilidad después de trabajar en un manuscrito que yo le había enviado sobre fantasmas.

Mi pareja y yo habíamos estado buscando casa durante unos meses cuando encontramos y nos enamoramos de una casa de campo del siglo dieciséis en el pequeño pueblo de Kentish donde yo pasé buena parte de mi infancia. Nos trasladamos y nos asentamos. Decidimos renovar el lavabo ya que era viejo y en el que siempre hacía frío, y cambiamos el suelo de la sala de estar, haciendo que las cañerías de la calefacción central pasaran por debajo para dirigir la atención a las maravillosas y viejas vigas.

Justo antes de Navidad, no paraba de perder cosas en el preciso momento en el que las necesitaba, encontrándolas después justo donde se suponía que debían estar. Luego desapareció un valioso anillo. Lo encontramos un tiempo después en la alfombra del lavabo. No entendía cómo podía haber llegado hasta allí y cómo lo habíamos podido perder.

Un día, cuando un fontanero estaba trabajando en la casa, vi una vieja cañería de arcilla en el alféizar de la ventana de una habitación y le pregunté si la había dejado él ahí. Él me contesto que no. Cuando fui a coger la cañería había desaparecido.

Pasé los días antes de Navidad colocando adornos y trayendo algunas plantas del jardín pero sin usar acebo ya que no había encontrado acebo con bayas. Mi pareja regresó de trabajar y subió las escaleras para cambiarse. Más tarde remarcó lo bonita que había dejado la habitación con el acebo. Yo le dije que no había decorado la habitación, pero cuando subí me sorprendí cuando vi el acebo —lleno de bayas— colocado encima de los cuadros de la habitación.

Ningún residente se había quedado mucho tiempo en la casa. Después de dos años decidimos mudarnos, no porque estuviésemos preocupados por los extraños incidentes, sino porque necesitábamos más habitaciones. El día que tomamos la decisión, un cuadro que estaba colgado de un modo seguro se cayó de la pared, dejando el gancho del cuadro intacto.

Tuvimos juegos y bromas cuando pusimos la casa a la venta. Algunas veces, cuando alguien estaba echando un vistazo, la casa brillaba y las superficies y ventanas centelleaban. Las viejas vigas parecían lisas, mostrando la pátina del tiempo, y la casa parecía caliente, confortable y espaciosa. Otras veces, incluso en un día soleado, las habitaciones parecían oscuras y minúsculas y había humedad en el aire. Las telarañas, que yo estaba segura que no podía haber dejado pasar nuestro eficiente limpiador, aparecían en esquinas llenas de polvo y las vigas parecía que habían sufrido un ataque de carcoma. Las ventanas parecían lúgubres y grisáceas y a veces una delgada película de cenizas se materializaba en las tejas. En esos momentos los visitantes no podían marcharse más rápido y aprendí a no esperar de ellos una oferta.

La casa eventualmente eligió a su nueva ocupante, una encantadora y simpática mujer de unos cincuenta y cinco años.

Ni mi compañero ni yo hemos considerado nunca ser psíquicos ni somos dados a la imaginación.

Ni Ann ni los visitantes de la casa de campo vieron nunca realmente al fantasma, pero igual que los signos visibles tales como la desaparición de objetos, la casa parecía cambiar según el modo en que era percibida. Aunque todas las chimeneas estaban bloqueadas, los amigos olían humo en la sala de estar, pero Ann no lo percibía. Todos somos sensibles a diferentes impulsos.

Aunque poca gente pueda tener una evidencia tan tangible de una presencia en su casa, muchos de nosotros sentimos automáticamente la presencia de un fantasma en una casa. Podemos sentirle a él o a ella a través de un lugar frío, una habitación que nunca está caliente incluso en verano u olores extraños que parecen no tener ningún origen

—tabaco donde nadie fuma, pan caliente o olores no muy placenteros si el fantasma no es amigable o es infeliz.

La clarisensibilidad es un modo natural de recibir impresiones y desde mi propia búsqueda he descubierto que el sentido del olfato es un buen camino para desarrollar cualquier tipo de habilidad psíquica.

Algunas personas recogen estos olores del pasado allí donde vayan, como así lo demuestra la historia de Lisa:

Mi marido y yo compramos recientemente una pequeña casa de campo en Carolina del Norte y nos mudamos. Se escuchaban crujidos y gemidos, pero considerando que el edificio tenía 50 años, no le atribuí nada paranormal a esos ruidos.

Hace un mes, nos estábamos vistiendo para salir. Cuando yo volvía del lavabo a la habitación, a través del pequeño hall, empecé a notar un extraño olor, como si algo dulce se estuviese quemando. Revisé la cocina pero no había nada quemándose. La chimenea no había sido usada en dos semanas. Regresé al vestíbulo. El olor era ahora muy distinto: tabaco de pipa de cerezas.

Llamé a mi marido. Él siempre me ha acusado de tener poderes superolfativos, y se burla de mí, pero entró en el vestíbulo y dijo: «¡Caramba! ¿Quién ha estado fumando en pipa?»

Revisamos toda la casa, no había un alma fuera de ella. La calefacción había sido cerrada hacía media hora, y cuando yo aumenté el termostato para ver si olía, no encontré nada. El olor desapareció al poco tiempo, y no lo hemos vuelto a oler desde entonces. Yo imagino que nuestra casa de campo de 1945 fue comprada por un veterano de la Segunda Guerra Mundial que disfrutaba de una buena pipa de vez en cuando.

En Florencia, Italia, hace siete años, mi marido y yo nos alojábamos en un gran edificio que contenía ocho pensiones diferentes. Estábamos en un bonito y pequeño cuarto piso con vista a las montañas, algún mobiliario antiguo y un lavabo en la esquina. El baño y la ducha estaban abajo en el vestíbulo. Dos chicas australianas estaban en la habitación continua. Una de las chicas hablaba el italiano con fluidez.

Esa noche fui al lavabo para quitarme las lentillas y pude oler cera ardiendo, era el mismo olor que el de las iglesias cuando tienen muchas velas encendidas. A la mañana siguiente, el olor había desaparecido.

Les pregunté a las chicas de al lado si habían encendido una vela, pero me contestaron que no. Esa noche, yo olí la cera otra vez. Esta vez les pedí a las chicas que vinieran a oler. Ellas también olieron cera. La chica que hablaba italiano encontró al propietario y le preguntó por el olor a cera.

Él explicó que el edificio entero había sido un monasterio durante cientos de años, y que la cuarta planta era el lugar donde los monjes tenían sus celdas. En la esquina de cada habitación, ellos tenían una mesita destinada a la oración y velas para poder orar por las noches. El propietario dijo que el olor estaba *en las paredes*, pero yo me preguntaba por qué la cera sólo podía olerse por las noches, sólo en mi habitación, y ¿por qué no lo olía también mi marido? Ningún monje se me apareció, pero sentí el olor de la cera ardiendo cada noche que estuvimos allí, después de las diez.

Usar perfume como catalizador del ESP

A menudo, una fragancia puede abrir una brecha en las dimensiones. Si está de pie al lado de un cuenco de lavanda seca en una casa vieja, a veces puede conectar con personas de otras épocas que esparcían estas hierbas fragantes en los juncos para mantener alejada la infección.

Visite una cocina medieval en un castillo antiguo cuando haya una demostración de cómo se hacía el pan o la carne asada y podrá sentir el bullicio de la cocina, el intenso malestar cuando el chico que gira la carne intenta apartarse de las llamas, conecte con el cansancio de la criada cuando carga con las pesadas ollas de hierro. Puede que oiga voces y vea chispas de color o imágenes.

Permanezca en un antiguo jardín de hierbas y cierre los ojos. El palacio romano de Fishbourne en West Sussex tiene un maravilloso jardín romano reconstruido. Puede sentir el cortante olor anisado del hinojo cuyas semillas eran masticadas por los soldados romanos para que les dieran coraje, la limpia picadura del romero que era usado por los ejércitos y las familias como antiséptico en las heridas, el rico y fuerte sabor de la salvia púrpura florecida o *herba sacra* dedicada a Júpiter que servía tanto para sedar como para aliviar las quejas del corazón. Las visiones, sonidos y sobre todo las conflictivas emociones del líder de la tribu celta, que gobernó en beneficio de los romanos, pero que debió dañar su libertad y la de los suyos, se encontrarán en las fragancias cumulativas.

En un museo industrial, en días de exhibición, puede saborear el aceite y el calor de las fábricas y molinos y la repetición rítmica de las acciones de los trabajadores.

Inhale las ricas rosas en un jardín formal de estilo Tudor y sienta el amor y las esperanzas, y quizá la desesperación. Cuando visite lugares antiguos, lleve con usted transmisores de clarisensibilidad como un pequeño sobre de lavanda o una ampolla de aceite de pino. O siéntese en el café, si está en una parte vieja de la casa, y huela los pasteles frescos.

Si quiere invocar la presencia de una persona amada muerta, rocíe con unas gotas de un perfume del pasado su almohada, frote sus muebles con betún de lavanda o almidone su ropa blanca. Notará el amor rodeándole, quizás una luz sobre el hombro o una sombra, y llame a la felicidad que compartieron. Puede continuar oliendo la fragancia mucho después que se haya agotado naturalmente.

Ann perdió a su querida hija Sarah cuando tenía sólo dieciséis años:

> Una de las primeras experiencias que tuve fue cuando estaba en la habitación de Sarah, unas tres semanas después de su muerte. Yo había esparcido un poco de su perfume favorito sobre su edredón en la cama y puse mi cabeza sobre él, golpean-

do el edredón con los ojos cerrados para poder visualizarla a través de su olor. Cuando abrí los ojos, su espejo alto en la esquina de su habitación se inclinó de manera que yo era la imagen de su interior y entonces regresó a su posición inicial. Me dirigí al cristal y lo toqué, clavado al suelo, no pude conseguir moverlo tal y como se había movido antes.

Mandy, a la que separaron de su madre cuando era una niña y la dieron en adopción, explicó sus extrañas sensaciones cuando trabajaba como enfermera:

> Solía sentirme extrañamente inclinada a una casa que estaba al lado del hospital cuando yo pasaba por al lado. Resultó ser la casa donde nací. También odiaba la casa de las enfermeras, un edificio gótico tenebroso, no podía permanecer allí y eventualmente me trasladé. Era el edificio en el que mi madre había convalecido cuando no podía mantenerme.

Clarisensibilidad y toma de decisiones

La clarisensibilidad no es sólo una habilidad especial para detectar fantasmas. Es también una alarma ante un peligro. La habilidad de notar que un conocido reciente o un extraño no es de fiar, a pesar de que su apariencia o sus acciones no ofrecen ninguna justificación aparente para esta falta de confianza, es inherente a todos nosotros, pero a menudo no reconocemos este sistema protector.

Los perros ladran a algunos desconocidos pero no a otros, mientras que un niño normalmente confiado se aleja de una sonrisa amigable y extiende la mano instintivamente. En ambos casos la persona normalmente prueba que es de poca confianza o que tiene intenciones negativas detrás de la sonrisa y de las suaves palabras. «Él o ella no huele bien» es una de las expresiones utilizadas por los niños.

La gente dice: «Supe nada más atravesar la puerta que los residentes habían tenido una discusión», «mis compañeros de la oficina están boicoteándome a mis espaldas», «la fiesta o la cita va a ser un desastre».

La conciencia del sexto sentido es nuestra herramienta más valiosa, no sólo como alarma, sino también para mostrarnos las personas en las que podemos confiar y las situaciones que pueden resultarnos ventajosas. Deberíamos aprovechar la habilidad de descubrir si alguien es merecedor de nuestra confianza:

• Si es posible intente observar a la persona a través de la habitación de modo que no esté usted influenciado inicialmente por una voz o por un estrechamiento de mano. Percibirá claves del lenguaje del cuerpo, pero algunas personas son completamente adeptas a enmascarar sus intenciones y sentimientos.

• Lo más importante es que permita que sus sentidos absorban impresiones cuando la persona en cuestión esté diciendo algo que usted sepa que es verdad. Aunque las buenas personas pueden ocultar sus intenciones y sentimientos en la superficie, hay siempre cambios sutiles cuando mienten. Deje que sus sentidos registren estos cambios subconscientemente al deslizarse desde la verdad a la mentira.

• Observe su antena psíquica extendiéndose hacia fuera hasta encerrar a la persona en cuestión, al tiempo que aparta la mente de formular preguntas conscientes.

• Puede experimentar una sensación en su estómago o notar que se le están erizando los pelos de la nuca.

• Trate de aislar y de identificar sus propios sentimientos hacia esa persona: pánico, malestar, excitación, atracción sexual, peligro, sabiduría espiritual.

• Ahora lea las señales que él o ella está emitiendo en este nivel más profundo: secreto (que no es lo mismo que protección de lo privado), posesión, irrealidad, intrincado, abertura, altruismo, amabilidad.

• Estas primeras impresiones son invariablemente exactas y forman un buen precursor para una buena relación de trabajo, para la amistad o para un asunto amoroso que viene del corazón pero al que muchas veces le falta esa claridad del radar protector de la clarisensibilidad.

• Si alguien parece de poca confianza, puede decidir si seguir su corazón o su mente consciente, enamorarle, dejar dinero o compartir sus secretos más íntimos. Pero al menos ha sido ayudado a entrar en cualquier relación de confianza o amistad con los ojos abiertos.

Si podemos confiar en nuestras habilidades de clarisensibilidad y usarlas sin preconcepciones podremos sorprendernos gratamente al ver que alguien que hemos temido encontrarnos o que nos ha provocado una sensación anticipada de disgusto instantáneo es un alma gemela.

La clarisensibilidad y los lugares

A veces una casa o un lugar de trabajo pueden producir una sensación negativa instintivamente. Los chinos explican este fenómeno diciendo que el edificio tiene un mal *feng shui*, quizá porque los dueños anteriores tenían problemas persistentes de salud y sufrían constantes desgracias, o porque la entrada principal está orientada en una mala dirección, o porque su escalera está enfrente de la puerta principal de manera que la energía positiva o las corrientes *chi* salen fuera.

Hay veces que la falta de decoración o de orden pueden hacer aparecer la penumbra. Una casa puede tener una atmósfera de infelicidad debida a alguna tragedia pasada o porque los dueños presentes generan hostilidad en sus relaciones. Entonces lo mejor que podemos hacer es buscar una nueva casa o un nuevo lugar de trabajo. Los rituales psíquicos de protección descritos en el capítulo «Protección psíquica» pueden limpiar una casa de negatividad. Si hay alguna opción, puede ser mejor no tener que vivir o trabajar en un lugar que provoca sensaciones negativas.

Ejercicio: caza en la casa

Si no es normalmente un cazador de casas, escoja la casa de un conocido o un colega que tenga la oportunidad de visitar y examine la atmósfera.

Empiece mirando el exterior de una casa o de un bloque de apartamentos. Puede estar rodeado brillantemente con un césped muy bien cuidado, pero ¿le provoca buenas sensaciones? Si es reacio a entrar, debería tomarse en serio estas sensaciones.

En la puerta de entrada, párese y deje que las sensaciones le invadan. ¿El vestíbulo y las escaleras le causan una buena sensación, o emiten sensaciones de presentimiento?

En la medida en que vaya avanzando de habitación en habitación, investigue cualquier lugar extraño o sombras inexplicables. ¿Hay algún olor que parezca que no está asociado a los amos presentes (humo en una esquina de una habitación sin chimenea en una familia de no fumadores, una fuerte fragancia de flores en un lugar determinado donde no hay plantas, etc.)? ¿Parece que le sigan cuando camina por la casa?

Esto es especialmente significativo si la gente que está con usted no nota nada. Pregunte si hay alguien más que note los olores y el propietario puede que sea capaz de explicar la fuente. Si él o ella parece quedarse perplejo o incómodo, puede que haya descubierto un fantasma que reside en ese lugar, pero si parece amigable no hay ningún problema.

Si en cualquier lugar siente repentinamente una tremenda pena o miedo, o que tiene que marcharse, pida ver el jardín y deje que la sensación se calme. Regrese al lugar y averigüe si la impresión regresa pero está vinculada únicamente a un lugar o a una habitación.

Si no ha hecho esto todavía, entre en el jardín o patio. ¿Nota angustia donde una vez hubo un conflicto, o transpira paz? Las abadías tienen su porción de fantasmas monásticos, pero tienden a proporcionar vibraciones de paz.

Antes de decidirse a alquilar o comprar una casa, lleve a los niños (o algunos que le puedan dejar), ya que los niños son expertos en clarisensibilidad. Llame a la puerta con el pretexto de que se ha dejado un guante o una llave: si los niños no hacen ningún comentario, pregúnteles casualmente lo que piensan de la casa.

Pasee a su perro por delante de la puerta y haga que se pare. ¿Ladra o intenta alejarse con prisa? Los perros, al igual que los niños, son psíquicos naturales.

Si tiene dudas, pero siente que lógicamente una propiedad sería ideal, haga un poco de trabajo de detective.

¿Ha cambiado la casa de manos muchas más veces que una propiedad similar en la misma calle? Si la casa está vacía, investigue sobre el anterior propietario o propietarios.

Si ha habido un divorcio recientemente en la casa, puede haber una temporal pero mudable mala atmósfera que puede ser eliminada usando uno de los rituales explicados en el capítulo «Protección psíquica». Aunque, si todos los anteriores dueños desde hace 50 años se divorciaron, ¿puede haber una conexión con la casa?

Si el dueño anterior murió después de muchos años en la casa, podría tener un fantasma, pero sería un fantasma amistoso que puede incluso ordenar un poco o arreglar los muebles.

Si algo parece extraño, vaya a una biblioteca local de historia o a un museo, e investigue el área. Puede entender sus sensaciones. Puede que no desee vivir en el lugar de un matadero o asilo victoriano, pero podría ser feliz con un mercado callejero, aunque pueda tener animados fantasmas vendiendo sus mercancías.

Algunas veces el malestar puede estar relacionado con un problema potencial, pero cuidadosamente oculto. Sus impresiones puede que le estén avisando del hecho de que una casa nueva está construida sobre un vertedero o un viejo pozo de una mina o que pueda tener problemas con los hundimientos y las inundaciones —puede que haya experimentado una profunda sensación en su estómago o sentir un súbito frío o humedad—. Si tiene dudas, revise otra vez hasta que esté seguro.

Normalmente, sin embargo, una nueva residencia nos escoge si confiamos en nuestras habilidades innatas para la clarisensibilidad. En el momento en que traspasamos la puerta de una posible propiedad, nos sentimos como en casa.

Por supuesto, todavía tenemos que mirar los problemas potenciales visibles como la carcoma, pero si una casa parece estar bien, y nos sentimos como si nos deslizásemos en un zapato confortable, puede estar seguro de la felicidad del lugar —y que cualquier fantasma de la casa será acogedor.

Clarividencia

La clarividencia, que literalmente significa «ver claro», es la habilidad de mirar más allá del mundo normal y describir personas y sucesos lejanos, quizás en el futuro o incluso en otras dimensiones. También describe la capacidad de ver fantasmas. El incidente referente a mi hijo Jack, que describí en la introducción, es un buen ejemplo de clarividencia. De algún modo él supo que su padre se había caído de la moto pero que estaba bien, incluso aunque esto estuviese pasando a 50 km.

Ciertas personas han sido dotadas con esta habilidad, a veces también conocida como *segunda visión*. Uno de los primeros experimentos registrados en parapsicología fue llevado a cabo para probar esta habilidad en el año 550 a. de C., cuando Cresos, rey de Lidia, estaba entusiasmado con conocer cuál de los siete oráculos tenía una habilidad más profética. Envió mensajeros para que le preguntaran a cada uno simultáneamente lo que estaba haciendo a cierta hora. Para hacer el examen lo más difícil posible, llevó a cabo la acción más improbable en la que él podía pensar: golpeó a una tortuga y la coció con cordero en un caldero de latón. El oráculo de Delfos fue el único que informó de la visión y del olor de una tortuga y un cordero cocinándose en un caldero de latón.

Visión remota

En América, durante la década de los setenta, fue llevado a cabo un gran avance en la investigación de la *visión remota,* la habilidad de describir sucesos y lugares lejanos. El término *visión remota* fue acuñado por Russell Targ y Harold Puthoff. Después de cientos de experimentos durante diez años en el Instituto de Investigación Internacional de Stanford en California, concluyeron que la visión remota es una experiencia psíquica que muchas personas experimentan espontáneamente. Incluso sujetos que tenían muy poca experiencia psíquica previa pudieron ser enseñados fácilmente para que fueran capaces de describir edificios detalladamente, características geográficas, personas y lugares a una distancia remota. En algunos casos, se conseguía una mayor precisión cuando la localización era incluso alejada de los sujetos. Las personas aprendieron también a ver y describir los contenidos de un recipiente opaco.

Aquí, como es a menudo el caso, los fenómenos psíquicos se superponen. Para algunos sujetos en estos experimentos se vio que se conseguía un éxito mayor utilizando una forma de proyección astral. Cuando se les pedía que mirasen a una habitación cerrada o a un lugar lejano, sentían que sus espíritus realmente abandonaban sus cuerpos y viajaban a las escenas que ellos posteriormente describían con exactitud.

Proyección astral

La proyección astral, también conocida como experiencia fuera del cuerpo, es un estado en el que soñamos que volamos o flotamos y viajamos a lugares donde podemos encontrarnos con conocidos muertos, ángeles guardianes, guías espirituales o nuestro propio ser desarrollado. Otras experiencias incluyen sentirnos a nosotros mismos saliendo de nuestro cuerpo y viéndolo dormir o descansar abajo.

Algunas personas consideran el ser astral como un cuerpo etéreo o espiritual. Otros creen que nuestra mente tiene la facultad de mirar más allá de los confines de nuestro cuerpo y fuera del límite de nuestra visión normal.

En algunas culturas la experiencia fuera del cuerpo es un aspecto normal del sueño y entre algunas tribus tan lejanas como las de Groenlandia y Nueva Guinea se cree que el alma viaja astralmente durante la noche y las experiencias son recordadas muy vívidamente al despertar. Los chamanes usan tambores, sonajas, cantos y bailes para promover estados alterados de conciencia donde la proyección astral es inducida.

Pensar en imágenes

He visto, desde mi propia investigación, que los incidentes espontáneos de clarividencia son disparados por las acciones lejanas de personas que conocemos bien; por ejemplo, puede tener una vívida imagen, más que sólo una sensación, de un niño o una pareja en el momento en que él o ella está padeciendo estrés o está en peligro en un lugar extraño. Pero esperar a que los nuestros estén en peligro no es un modo satisfactorio de practicar la clarividencia. Un modo mucho mejor y más relajado es desarrollar nuestra habilidad para pensar en imágenes.

Como mencioné en el capítulo «Preparación», las personas en la actualidad han descuidado su habilidad de pensar en imágenes. Es una facultad que todavía existe, cuando de niños miramos fijamente al fuego y vemos imágenes en los brillantes carbones e inventamos historias sobre ellas. Era bien conocida por nuestros antecesores. Durante muchos siglos, los hombres y las mujeres han mirado fijamente dentro de las charcas iluminadas por la luz de la Luna, buscando la inspiración en las imágenes del agua ondulada. Muchas veces ellos han tenido visiones claras sobre el futuro y los sucesos lejanos. Desde esta práctica surgió el arte de profetizar.

Profetizar

Profetizar, o mirar en un objeto o sustancia con una imagen reflectora para capturar imágenes clarividentes o psíquicas, es una técnica practicada desde la Antigüedad, como por ejemplo ver una idea en una burbuja o trazar los sueños.

La práctica se desarrolló en el antiguo Egipto, en Oriente Medio, China, Grecia, Roma y a lo largo de Europa. Aunque pensemos en la clarividencia principalmente en términos de personas que leen la fortuna profetizando mientras echan las cartas, observan las bolas de cristal o leen la palma de nuestras manos, la práctica clarividente más importante y extendida viene de la tradición folclórica tradicional de profetizar.

Esta habilidad de reconocer y proyectar imágenes desde el nivel más profundo de sabiduría, tanto si la definimos como propia o como la sabiduría colectiva de la humanidad, como la llamó el psicólogo Carl Gustav Jung, es el corazón de toda profecía. Puede utilizar las imágenes en una taza de té, en las sombras de una vela reflejadas en la pared o en una imagen súbita e intensa que aparece en su mente cuando está llevando a cabo acciones repetitivas tales como cavar en el jardín o pelar patatas.

Desde el principio de la civilización, cuando las mujeres lavaban la ropa en el fregadero familiar o en el río, veían imágenes en la espuma del jabón, calmadas por la acción rítmica y repetitiva (véase página 26). Otro arte doméstico es la lectura de los posos de las hojas del té que muchas de nuestras abuelas practicaban, distribuyendo la sabiduría intuitiva junto con el sentido común alrededor de la mesa de la cocina. Los amantes y las madres con hijos enfermos miraban fijamente la llama de la vela, la antigua manera de pedir que se cumplan los deseos respecto a la pareja enfocada en la llama, la madre viendo formas imaginadas en el estado en que se combinaban el cansancio y la vigilancia. El elemento común es el estado semihipnótico de tranquilidad del cuerpo y de la mente en el que el ojo interior puede expresar sus visiones. Este estado puede ser alcanzado a través de la meditación y la respiración, pero también con acciones físicas naturales. Muchas de nuestras abuelas tenían visiones en las superficies brillantes de los muebles que ellas habían encerado durante tiempo con betún de lavanda, mucho antes de que los aceites esenciales fueran comúnmente usados para invocar la conciencia psíquica. Estas formas caseras de adivinación son igual de poderosas que la bola de cristal. Al estar enraizadas en la vida ordinaria son seguras y son suaves caminos para acceder a la sabiduría inconsciente.

Profetizar con agua y tinta

La forma más fácil de profetizar si es usted nuevo en el arte incluye el uso de tintas y aceites oscuros, tales como pintura al óleo o un aceite de baño oscuro, que flote en la superficie del agua de modo que cree una imagen. Más efectivas son las tintas de caligrafía o cartuchos de tinta permanente que pueden obtenerse en una gama amplia de colores. A medida que vaya derramando la tinta en el agua, se arremolinará hasta hacer una imagen o un dibujo.

Recientemente he descubierto, de mi propio trabajo y de la enseñanza del profetizar en el agua y del uso de la bola de cristal, que otras facultades psíquicas se disparan por causa de la imaginación clarividente, especialmente la clarisensibilidad. Algunas personas experimentan sensaciones como si estuviesen viviendo la imagen proyectada. Por ejemplo, un cliente describió estar bajo el mar en una noche de luna llena, sin sentir miedo, sólo una tremenda calma, y después experimentar euforia al irse transformando el imaginario en un claro cielo blanco y al verse a sí mismo elevarse hacia él.

Si está adivinando para otra persona, pregunte qué es lo que ve y siente acerca de una imagen que se ha creado. Haga que esta sea una fase vital en su propia imaginación clarividente. Puede que incluso encuentre que las imágenes clarividentes evocan sonidos en el oído de su mente. La clarividencia está en el centro de un laberinto de habilidades psíquicas que se superponen.

LECTURAS DE UNA SOLA IMAGEN CON AGUA Y TINTA

Utilice un vaso claro o un cuenco de cerámica blanco, amplio y profundo. El plástico no es tan bueno ya que absorbe la tinta y puede manchar. El metal —por ejemplo, un cuenco plateado rosado— funciona mejor con agua clara y una vela.

Derramar la tinta en un cuenco plateado

• Haga una pregunta o concéntrese en un asunto mientras sostiene el recipiente de agua entre las manos. Si está interpretando para otra persona, pídale que sostenga el recipiente mientras se concentra en un asunto.

• Derrame la tinta del cartucho o la pintura al óleo directamente en el agua gota a gota. Alternativamente, puede usar un pincel o un cuentagotas y añadir la tinta una o dos gotas al mismo tiempo. La persona para la que esta destinada la interpretación debería llevar a cabo esta acción.

• Las tintas rojas, azules y negras hacen que la interpretación sea más clara. Puede usar más de un color a la vez.

• Deje que las tintas se arremolinen en la superficie hasta crear una imagen.

• Garabatee una nota breve sobre lo que la imagen le evoca. No racionalice la imagen. La primera idea que brote en su mente, no importa lo improbable que sea, es normalmente la más precisa.

• Si está usando este método para un amigo, pregúntele a él o a ella lo que la imagen le evoca. Todos tenemos nuestro propio y único sistema de imágenes. Cualquier interpretación psíquica buena no es un juego de adivinación, sino la llegada conjunta de dos psiques a un propósito, por ejemplo, responder a una pregunta.

• Es posible que vea un cuadro entero antes que una sola imagen.

• Note cualquier sensación que le evoque la imagen, lo mismo respecto a los sonidos y palabras. Ocasionalmente las personas oirán un mensaje de su sabiduría inconsciente o quizás del desarrollado o más elevado ser o incluso de un ángel guardián.

En *La guía completa del desarrollo psíquico*, hablo de cómo utilizar este método para obtener tres imágenes o un cuadro más detallado. En la práctica, la técnica de una sola imagen es muy efectiva, sobre todo cuando no se es una persona experimentada en el arte de profetizar o si se quiere una respuesta a un problema particular y no una visión más general de la vida.

• Si quiere añadir algo al cuadro, o si la primera interpretación parece no haber contestado a la pregunta, tire el agua, limpie el cuenco y cree una segunda, incluso una tercera imagen. Ponga las tres juntas como haría con la lectura de tres cartas del tarot.

La interpretación de la tinta y el agua

Kate había sido despedida de su puesto como psicóloga clínica y no encontraba un trabajo. Aunque, con dificultad, se podía mantener financieramente durante un año con el dinero que le quedaba, Kate se sentía muy enfadada y había sufrido una gran pérdida de confianza en sus propias habilidades, aunque la decisión había sido tomada por criterios presupuestarios a un nivel administrativo más elevado y no estaba relacionado con su rendimiento. Su pregunta no estaba enfocada, pero Kate sabía que necesitaba una nueva dirección.

Ella derramó tinta negra en el agua. Dijo que la imagen de la tinta parecía una mariposa volando a través de un bosque de pinos de verano que estaba rodeado de altas montañas con capas de hielo incluso en verano. Yo mencioné que la mariposa era un símbolo antiguo del renacer y la regeneración y le pregunté si un bosque de pinos en las montañas significaba algo para ella. Kate me contó que recientemente ella había visto mariposas por todos los sitios, aunque fuera sólo el principio del verano. Inusualmente algunas habían entrado en su elevado piso. Pero Kate estaba lejos de un nuevo principio.

Sugerí que se concentrase en sus sentimientos sobre la imagen. Ella dijo que sentía como si una brisa les estuviera acariciando a ella y a la mariposa, que era quizás una y la misma, a través del bosque de pinos y que ella podía sentir el aire puro y las agujas de los pinos. Podía oír niños riendo y este sonido la excitaba, como si ella estuviese creando la felicidad.

Podía haber una conexión entre su futuro y los niños, aunque yo no estaba segura acerca de los pinos y las montañas. ¿Unas vacaciones quizás?

Kate instantáneamente entendió. Ella había visto un anuncio de trabajo en una escuela en Canadá, pionera en un nuevo tratamiento de niños autistas que podría ayudarlos a comunicarse con otras personas más libremente. A causa de que el puesto estaba al otro lado del mar, ella había dudado en solicitarlo, ya que la desarraigaba y supondría un gran paso; el salario era bajo, pero los gastos de manutención también serían bajos ya que viviría en la escuela. El cuadro parecía sugerir que este camino era bueno. Kate solicitó el trabajo y se trasladó a la escuela rodeada de montañas y bosques.

Kate entendió la imagen más claramente que yo.

Profetizar con vela y espejo

Profetizar con vela y espejo difiere con el proceso de profetizar con tinta y agua en que la imagen se ve en el espejo, antes que moviéndose a través de la superficie. No obstante, hay muchas maneras de evocar visiones en un espejo usando reflejos y sombras que no son, como piensan algunas personas, distracciones sino la materia con la que se forma el imaginario psíquico.

En muchas culturas y épocas diferentes los espejos han sido utilizados para profetizar. La madre de la acción de profetizar a través del espejo es Hathor, la diosa del amor, la música y el baile del antiguo Egipto, que había estado una vez conectada al ojo sagrado de Ra, el dios del sol, a través del cual ella podía verlo todo. Hathor llevaba un escudo que podía reflejar todas las cosas en su luz verdadera. Con este escudo ella formó el primer espejo mágico. Un lado estaba dotado con el poder del ojo de Ra para verlo todo, sin importar lo lejos que estaba en el espacio o en el tiempo. El otro lado mostraba al que miraba su luz verdadera, y sólo una persona valiente podía mirarlo sin encogerse.

La adivinación utilizando velas y espejos es especialmente efectiva para problemas referentes al amor y a las relaciones familiares, o para cualquier asunto relacionado con las personas del trabajo.

Puede llevar a cabo esta forma de profetizar para usted mismo o con una pareja o persona querida interesados en la misma pregunta. Es especialmente potente si se lleva a cabo durante el periodo de luna llena, si gira el espejo hasta reflejar los rayos de la Luna, pero puede ser utilizado en cualquier momento en horas de oscuridad.

Emplee velas de cera genuina de abejas, si es posible, ya que estas desprenden un dulce perfume de miel y son las velas originales del profetizar. Los cirios de cera de abejas o eventualmente velas amarillentas eran utilizados para profetizar y para otros rituales desde los tiempos precristianos en adelante, debido a que las abejas eran consideradas como mensajeras de los dioses y diosas, y las velas de cera de abejas formaban un vínculo entre los mortales y los cielos. Si no puede conseguir cera de abejas, pueden servir velas de un púrpura suave o rosa o amarillo pálido. Una variedad de figuras y tamaños pueden crear diferentes intensidades y niveles de luz:

• Puede utilizar tanto un espejo largo (si está interpretando para usted y su pareja), como un espejo con mango o un espejo más pequeño apoyado en un estante. El espejo debería ser oval y ligeramente convexo. Si es un espejo pequeño, puede que desee usarlo con propósitos adivinatorios y mantenerlo cubierto cuando no esté profetizando.

• Trabaje con luz de velas o con velas y luz de luna.

• Coloque las velas en un semicírculo a una distancia segura detrás de usted, de modo que la habitación esté en sombra y el espejo refleje sólo su cara (o la suya y la de su pareja si la pregunta se refiere a su relación).

• Arregle las velas de modo que pueda ver rayos de luz salpicados con sombras. Las sombras pueden provenir de otros objetos de la habitación. Experimente para que el efecto llegue ligeramente espiritual con el objetivo de vencer los obstáculos conscientes en su mente.

• Siéntese de modo que esté al lado del espejo y no pueda ver el reflejo de su cara. Mueva su posición hasta que sea la correcta. Una pareja puede sentarse en el lado opuesto para que puedan ver en el espejo y mantener un equilibrio con su visión.

• Si tiene algún cristal claro de cuarzo, colóquelo para que coja la luz de la vela, y así puede tener pequeños arco iris en el cristal.

• Queme el incienso o el aceite de sándalo o incienso para los poderes adivinatorios. Entrecierre los ojos.

• Practique las técnicas de visualización con la respiración descritas en el capítulo uno; a medida que aspire y espire suavemente, visualícese a sí mismo, absorbiendo la suave luz dorada y exhalando todos los negros afilados, los marrones y los grises, o los rojos apagados de las frustraciones y las tensiones del día.

• Cuando esté relajado, haga una pregunta sin levantar la voz. Repita esto como un suave mantra nueve veces, cada vez más suave hasta que su voz no sea más que un suspiro y la última sólo sea dicha en su mente.

• Si está trabajando con una pareja, haga la pregunta alternativamente, de modo que una voz se alce mientras la otra decae.

• Puede ver las imágenes en el espejo o en el ojo de su mente, caso en el que pueda lanzar la imagen en uno de los rayos de luz, creados por las velas, al espejo, donde puede cambiar la forma. Igual que con la acción de profetizar con la tinta y el agua, puede imaginar escenas enteras o paisajes.

• Entrecierre los ojos y mire primero a la esquina superior derecha. Esto le hablará del pasado.

• Usted y una pareja pueden ver imágenes diferentes, ya que están literalmente viendo simbólicamente la situación desde perspectivas diferentes. Usen las dos imágenes para ver un sendero conjunto y las razones de la situación presente o del dilema que puede estar enraizado en los pasados separados.

• Cierre los ojos por un momento. Ábralos otra vez y fíjese en el centro del espejo para ver el asunto presente.

• Cierre los ojos de nuevo. Al abrirlos, mire la esquina superior izquierda del espejo y mire lo que va a aparecer en su vida.

• Puede llevar a cabo interpretaciones con la vela y el espejo para un amigo sobre un asunto de su vida. Siga el mismo procedimiento que el de una interpretación conjunta pero, como no es su pregunta, pregunte a la persona qué ve él o ella en el espejo o la imagen evocada en el ojo de la mente. Muchas personas responden instantáneamente y usted sólo debería ofrecer sus propias imágenes o interpretaciones si la persona está luchando. Incluso entonces, las preguntas suaves y las investigaciones sobre los sentimientos evocados por la imagen proporcionarán normalmente el sentido correcto.

• Después frote el espejo suavemente con seda negra para limpiarlo, moviéndose en círculos en sentido contrario a las agujas del reloj.

• Lave suavemente la seda con agua corriente fría y deje que se seque.

¿QUÉ SIGNIFICAN LAS IMÁGENES?

Las imágenes sugerirán, si se lo permite, relación con la pregunta que ha formulado. Todos tenemos sistemas personales de imágenes, creadas en la infancia y modificadas a lo largo de los años. Para una persona, un perro puede significar un amigo leal. Para otra, puede ser un atacante terrorífico, dependiendo de sus experiencias con los perros. Un sistema de símbolos nunca está fijado, pero muchos de los sistemas de las personas tienen factores comunes basados en lo que Jung llamó *arquetipos*, significados que han sido verdaderos en muchos tiempos y lugares: el hombre sabio o la mujer sabia, el mensajero, el héroe joven o tonto, a menudo identificados con el ser, el Sol y la Luna. Use los símbolos de las páginas 155-165 como una guía, cambiando cualquiera que no sea verdadero para usted y añadiéndolo a la lista en su diario psíquico de desarrollo personal.

Fantasmas

La capacidad de ver a personas de otras dimensiones es una de las que están más asociadas con la clarividencia. Los niños lo hacen espontáneamente. A menudo, el hombre o la mujer mayor que ven en sus habitaciones era un antiguo residente que era feliz en su antigua casa y permanece allí o quizá regresa en un momento determinado para comprobar algo en su apreciada casa, como muchos fantasmas visitan a sus parientes en el momento de una boda o un nacimiento en una familia.

La historia de Sue es un ejemplo perfecto del tipo de encuentro con fantasmas experimentado tanto por adultos como por niños —si confiamos en nuestras capacidades psíquicas naturales:

> Nos trasladamos a un piso de tres habitaciones en Manchester cuando yo tenía ocho años. Después de una semana o dos, empecé a ver a una mujer mayor sentada en la punta de mi cama haciendo punto. El golpeteo de sus agujas me despertó y ella era muy sólida y tridimensional. Me dijo que a mí me gustaría mucho la zona, que había una bonita escuela justo debajo de la calle y que me acomodaría pronto.

Ella tenía una cara amable y agradable, y vestía un viejo chal gris, una blusa blanca y una falda larga, y siempre estaba haciendo punto. Mi hermana nunca se despertó. Yo no tenía miedo porque la mujer era muy amable, pero le expliqué a mi madre lo que ocurría y ella se lo mencionó a una vecina. La vecina me pidió que le describiera el fantasma y ella dijo: «¡Oh!, se trata de la anciana que vivía allí y que murió en el piso. Ella amaba a los niños».

Cuando me acomodé en la escuela la anciana dejó de venir. Aunque ya tengo cuarenta años, nunca la he olvidado.

Si quiere ver fantasmas, tiene que introducirse en sus senderos, los lugares en los que caminaron o se sentaron y miraron hacia fuera a una vista determinada. Las siguientes técnicas han funcionado bien para mí, aunque quizás usted pueda ver fantasmas en su ojo de la mente o sentir su presencia antes que verlos como una aparición externa. Todos los sentidos psíquicos convergen y a menudo se da el caso de que las personas empiezan con la clarisensibilidad y la clarividencia le sigue naturalmente.

En mayo de 1998, como parte de un programa para GMTV, visité Charlton House, una mansión jacobina diseñada por Inigo Jones que ahora es un centro comunitario. El amo más destacado fue sir William Langhorn, antiguo gobernador de Madras, que tuvo dos esposas pero no tuvo heredero y esta fue su gran pena. Su fantasma había sido visto muchas veces. Los resultados más espectaculares tuvieron lugar durante una visita de pregrabación y fueron presenciados por una investigadora de la GMTV. Ella vio cortinas moviéndose a pesar de que todas las ventanas y puertas estaban cerradas.

Primero usé un péndulo para trazar el sendero del fantasma. Caminé por la larga galería, donde sir William había sido visto más frecuentemente, y el péndulo empezó a balancearse fuertemente cuando yo paseaba arriba y abajo frente a la chimenea. Aquí empecé a tener una fuerte sensación de la frustración de sir William al ver que no había nadie que llevase su apellido. Posteriormente descubrí que este era el lugar en el que una mujer vio luces en la larga galería y fue a apagarlas. Pero, dijo ella, una barrera invisible detuvo su movimiento.

En este punto, el péndulo se movía en círculos y aunque las ventanas y las puertas estaban cerradas, las cortinas empezaron a moverse violentamente. Vi a sir William, más con mi visión interna que con la externa, y quedé sobrecogida por sus sentimientos. No estuvimos más tiempo. Si un fantasma no te quiere a su alrededor, cualquier visitante educado debe marcharse dando las gracias.

Ver un fantasma

Escoja un lugar que no sea familiar. No investigue su historia.

• Cuando entre en una casa majestuosa o incluso en un castillo en ruinas, pregunte si al fantasma le importa que usted mire alrededor. No tiene porqué preguntar en voz alta, pero es una cortesía cuando entra en la casa de alguien, incluso si murió siglos antes. Establecer una buena relación con un fantasma es importante. Los cazafantasmas y los esclarecedores de fantasmas no son mejor acogidos por los fantasmas de los propietarios que los visitantes insensibles vivos que vienen sin anunciar y empiezan a curiosear todas tus pertenencias.

• Intente construirse una imagen de su fantasma buscando un lugar en la habitación (un asiento junto a la ventana donde podrían haberse sentado a menudo, una chimenea a la cual el fantasma podría haberse acercado buscando calor en invierno, un cenador en un jardín de rosas...). Cuando se pare aquí, observe la vista a través de los ojos del fantasma. Este es el sencillo paso y el más importante para la clarividencia del pasado.

• Si tiene la oportunidad de estar a solas —o si tiene un fantasma doméstico que parece habitar una esquina determinada de una habitación— encienda una vela o una linterna en la oscuridad y apáguela rápidamente. En la imagen posterior podrá captar algo de la aparición.

• Utilice todos sus sentidos psíquicos: psicometría, para tocar un objeto viejo y obtener impresiones; clarisensibilidad, quizás usando una bolsa de lavanda o estando cerca de un cuenco de flores aromáticas. Puede que conecte con el fantasma, que hubiese usado fragancias similares para aromatizar el aire. Puede que sea premiado con una leve sombra, un rayo de color o incluso con una visión hecha y derecha. El perfume de rosas es común para los fantasmas femeninos jóvenes.

• Note cualquier lugar frío, que se piense que está localizado en la posición donde se encuentra el aire de dos dimensiones. Aquí puede, de nuevo, captar una leve sombra o una visión. Estos lugares fríos son consistentes en una habitación o un edificio, sin importar lo cálido que sea el día. A menudo, indican un lugar donde el fantasma solía estar o sentarse.

• Cuando haya visto su fantasma —una clarividencia interna usando el ojo de la mente puede ser tan precisa como cualquier otra— recuerde darle las gracias al fantasma. No se lleve nada de la casa, ni siquiera una pieza de chimenea suelta, ya que puede estorbar las vibraciones naturales.

• Si no ha visto nada, no se decepcione. Los fantasmas son personas y puede que no hayan querido aparecer, igual que algunos días podría no querer abrir la puerta o contestar el teléfono. Pocas personas no sienten nada y sus poderes de clarisensibilidad pueden ser los primeros en operar.

• Lea lo que pueda sobre la casa. Regrese otra vez en un momento tranquilo, armado con su conocimiento sobre la vida y los sucesos que constituyen la historia del lugar.

• Observe si hay un fantasma con el que tenga un vínculo natural. Por ejemplo, el de ser madres, adorar los caballos o ser los benjamines de la familia.

• La primera vez es la mejor para recoger impresiones clarividentes, sin las preconcepciones que supone el tener un conocimiento más profundo, pero si regresa en más ocasiones sintonizará con los ritmos naturales de la casa y si hay suerte podrá ser premiado con una visión de un residente anterior que con el tiempo llegará a aceptarle.

Ejercicio: visión remota

Pídale a un amigo o conocido que se encuentre de vacaciones en un lugar que no le es familiar que se concentre en una hora fijada y durante cerca de un minuto en una escena distintiva o característica familiar que él pueda ver y que lo fotografíe.

• Pare todo lo que esté haciendo durante cinco minutos antes del tiempo fijado. Siéntese tranquilamente, sin pensar conscientemente en la persona, pero dejando que se formen las imágenes.

• Dibuje un boceto de las características más importantes antes que usar palabras, que pueden interferir en la espontaneidad (puede escribir notas breves después si lo desea). Algunas personas ven la imagen antes de que la otra persona la experimente; como en el caso de los experimentos con telepatía, algunas personas predicen naturalmente los hechos futuros antes de que los tomen del presente, por eso anote el tiempo de cualquier visión.

• Visualice la escena como si estuviese mirando una fotografía instantánea. Puede que note que otros sentidos psíquicos se han disparado, así que puede oler flores o la cocina, escuchar campanas de iglesia o un taladro de carretera o saborear la sal del mar o las especias.

• Pídale al remitente que apunte cualquier aspecto inusual, sonidos o fragancias, para que puedan comparar las notas cuando se encuentren.

• Cuando vea la foto real, puede que sienta una repentina sensación de *déjà vu* o describir aspectos no grabados en la fotografía.

Ejercicio: predicciones remotas

Cuando haya practicado la visión remota y se haya sentido confiado, intente profetizar con el futuro. Si está visitando un pueblo poco familiar o un edificio, la casa de un nuevo conocido o una oficina, siéntese tranquilamente en el lugar exacto en que estará allí al día siguiente y recoja una característica distintiva o inusual —una pintura u ornamento específico en una habitación, o una torre con forma inusual—. Diríjase hacia este desde lejos y traiga su visión interior más cerca para que llene su mente.

• Intente no racionalizar o averiguar.

• Haga un boceto de sus impresiones generales (mejor que escribirlas), para sacar sus facultades visuales a la luz, ya que estas son una ruta directa a la psique.

• Si lo practica regularmente, encontrará que puede sintonizar con las *rutas* por adelantado. En tiempo, recogerá peligros potenciales en su radar automático si practica la visión remota antes de un largo viaje. Concéntrese otra vez en peligros inesperados antes que en obstáculos conocidos.

Ejercicio: el objeto en la caja

• Pídale a un amigo que coloque un objeto inusual familiar o del jardín en una caja.

• Entrecierre los ojos y *mire* el contorno en su ojo de la mente.

• Dibuje el objeto, antes de describirlo con palabras.

• Repita el examen cuando haya transcurrido un tiempo y lleve un diario detallando los resultados. Tenga cuidado con cualquier anomalía, como averiguar los contenidos de una caja posterior.

Los niños son brillantes en la adivinación de colores de un tubo de caramelos o de los números que saldrán en un dado, pero esto tiende a ser espontáneo. Si les pide que lo expliquen, se ponen ansiosos y bloquean sus capacidades naturales.

De una forma parecida, la última vez que veraneamos en España asombré a mi marido y a mis hijos diciéndoles el color de nuestro coche de alquiler. Ellos estaban convencidos de que sería blanco, como en las vacaciones anteriores, pero como yo estaba tan excitada con la perspectiva de viajar en él, tuve una súbita visión de un coche rojo, y efectivamente fue así. Pero si me someto a un examen para averiguar cartas, al no estar tan entusiasmada no aparece ninguna intuición inmediatamente.

También se puede pensar que averiguar los contenidos de cajas no tiene ninguna emoción. Si efectivamente le resulta así, puede profetizar peligros reales y utilizar esta técnica para contestar preguntas de la vida real y dilemas.

Clariaudiencia

Quién no ha oído voces en el viento, o las hojas susurrando a través de una arboleda de robles? Cuando hablamos de un riachuelo susurrando sobre las piedras, no es una mera figura del habla, ya que todos los sonidos naturales tienen voces que contestan nuestras más profundas y a veces no formuladas preguntas. Los nativos americanos escuchaban la sabiduría de las piedras, los pájaros, los animales y los árboles. Los mitos europeos nos cuentan que hubo una vez animales parlantes, pájaros y árboles en bosques y campos cuyos conocimientos ofrecían una guía. Ahora ya no los oímos porque no confiamos en los poderes de la clariaudiencia. Pero nosotros podemos, con práctica, redescubrir nuestro oído interno.

La clariaudiencia es principalmente la capacidad de oír palabras o sonidos que no son parte del mundo material. Estos sonidos pueden, como las visiones clarividentes o las impresiones psicométricas, darnos acceso a escuchar más profundamente dentro de nosotros y, como algunas personas creen, más allá de nosotros, en nuestros seres más desarrollados o con ángeles guardianes o guías espirituales.

Así como la clarividencia está canalizada a través de los poderes imaginativos visuales que han sido sustituidos por la más limitada palabra escrita, la clariaudiencia usa no sólo palabras, sino también sonidos de animales y de pájaros, susurros naturales y musicales del follaje, el repique de las campanas, el sonido de los tambores, las olas que rompen y el silbido del vapor para comunicar significados y sensaciones. La mayoría de las experiencias de clariaudiencia tienen lugar espontáneamente.

El doctor Ikechukwu Azuonye, psiquiatra, informaba en la *Revista Médica Británica,* en 1998, que una mujer se había salvado de un tumor potencialmente fatal en el cerebro después de que voces en su cabeza le dijesen que regresase de sus vacaciones en el extranjero y fuese a un departamento de escáner cerebral de un hospital especializado, un lugar del que pocas personas habían oído hablar. La paciente no tenía ningún síntoma externo de un tumor y no podía saber que tenía uno. Azuonye comentaba:

> Cuando llegó, las voces le dijeron que entrase y que pidiera que le hicieran un escáner por dos razones: tenía un tumor en su cerebro y su tronco cerebral estaba inflamado. Las voces le dijeron que solían trabajar en el hospital de Grat Ormond Street en Londres, pero no dijeron quiénes eran o si estaban vivos o muertos.
>
> Los neurocirujanos descubrieron un gran tumor y fueron capaces de salvarle la vida operándola inmediatamente.

Las voces fantasmales son normalmente escuchadas porque los canales auditivos de una persona están en sintonía con esta longitud de onda extrasensorial y están vinculadas únicamente a la persona que oye el mensaje antes que estar ligadas a una localización. Esta voz personalizada puede ser la de un familiar fallecido, una voz de alarma de otra dimensión, quizás la de un ángel guardián o nuestra propia voz interior que puede guiarnos instintivamente por el buen camino. El concepto de ser guiado por voces incorpóreas puede parecer preocupante, especialmente porque ciertas enfermedades mentales se caracterizan por las voces que sugieren preferencias estrafalarias o peligrosas.

La voz interior verdadera sólo se escucha en momentos importantes y ofrece un consejo que nosotros instintivamente sabemos que indica la buena acción. Como en el caso anterior, las voces pueden incluso salvar una vida. Tales experiencias no son poco comunes, aunque usualmente la voz resulta familiar para el receptor del mensaje, especialmente si el mensaje es urgente:

> Una mañana Alison, que tenía 30 años, estaba sola en el campo de ejercicios de su escuela local de montar a caballo. Un sonido súbito causó el pánico en su caballo. Este la tiró al suelo y se encabritó sobre ella. Entonces Alison escuchó a su abuela que había muerto hacía cinco años: «Rueda hacia mi voz, Ally».
>
> Alison estaba aturdida y no respondió. La voz se hizo cada vez más y más insistente hasta que ella se movió hacia la voz de su abuela muerta en el momento en que las pezuñas iban a golpear su cabeza. El caballo sólo alcanzó el límite de su mentón y ella escapó con contusiones.

Ecos del pasado

Las voces o pisadas del pasado pueden también ser escuchadas en edificios antiguos, lugares históricos o campos de batalla.

Estos sonidos a lo largo de los tiempos pueden dispararse por el más ligero estímulo. Muchas personas pueden oír independientemente las voces o los sonidos fantasmales. A veces incluso un edificio nuevo edificado en el lugar de un antiguo hospital o prisión puede retener los sonidos de los antiguos residentes. Ciertas casas pueden retener las pisadas de los antiguos propietarios que pueden haber cruzado un rellano año tras año hasta tender a una relación morbosa. El fantasma puede hablar a la familia y, si a él o ella le gustan, velar por ellos. Caroline me contó:

Nosotros vivíamos en una vieja casa de campo cercana a la casa de campo de Anne Hathaway cerca de Stratford-on-Avon. Una mañana yo estaba en la cama cuando oí a alguien decir con acento del campo: «Buenos días». Era la voz de una anciana. Mi marido estaba abajo, en el baño, pero yo pensé que era una broma suya hasta que oí el agua corriendo.

Una prima mía vino a casa y oyó la voz de una anciana decir: «Buenos días, Stuart». Nosotras no le dijimos nada sobre la anciana a él.

En medio de la noche, mi marido repentinamente saltó fuera de la cama y se precipitó escaleras abajo. Hacía frío porque no teníamos calefacción central. Regresó pronto.

—Tenías razón —dijo.

—¿Qué quieres decir? —le pregunté. No le había dicho nada.

—Me dijiste que un tronco se había caído fuera del fuego en la alfombrilla y tenías razón. Tuvimos suerte de que bajara en ese momento ya que estaba ardiendo sin llama.

Yo no había hablado. Debió haber sido la anciana. La casa de campo tenía un tejado de paja y sólo había una pequeña ventana en el dormitorio. Podíamos no haber escapado de un incendio.

Desarrollar habilidades de clariaudiencia en lugares antiguos

Los lugares antiguos —como los círculos de piedras, un museo industrial o una casa majestuosa meticulosamente restaurada— son quizás los mejores lugares en los que redescubrir las capacidades de clariaudiencia de la niñez. Mucha gente ha contado haber escuchado campanas de iglesia al lado de un lago, sólo para conocer después leyendas de pueblos sumergidos bajo el agua.

• Escoja un lugar en el que se sienta en casa, quizás uno que haya visitado antes. Las voces de la clariaudiencia no son fácilmente verificadas mediante el estudio de la historia del lugar, aunque el conocimiento posterior puede ayudar a sintonizar con los sonidos del pasado.

• Sin embargo, puede que sea posible después de todo entender el contexto de un sonido aparentemente sin relación por el trabajo detectivesco en un museo o una biblioteca local. Por ejemplo, en Cornwall, en Bodmin Moor, donde hay minas de estaño en desuso, ecos de la una vez próspera industria pueden ser oídos en tardes brumosas y al amanecer en los momentos en los que los turnos hubiesen empezado o terminado.

• Visite su destino escogido muy temprano o muy tarde, en un día con niebla, si es posible, cuando los sonidos terrestres están amortiguados.

• A diferencia de la clarisensibilidad, la clariaudiencia funciona mejor si su cuerpo se está moviendo rítmicamente hacia un sonido regular de fondo: una carrera de un caballo, una carreta a través de la tierra o un antiguo bosque, un barco de vapor o un tranvía en un museo industrial, el silbido del vapor de las exhibiciones en una colección de ciencia victoriana, el mugido del ganado en una granja medieval. Podría llevar botas y chapotear en los charcos, en una piedra estancada en invierno, hacer crujir las hojas en otoño o la fría nieve. Deambular por un jardín de agua con fuentes que salpican.

• Pruebe un museo de órganos de recinto ferial, una colección de instrumentos viejos, incluso ruidos de batalla.

• Concéntrese sólo en el ruido de fondo. Excluya todos los demás pensamientos, y mire recto. Gradualmente, cualquier murmullo de voces que puedan distraerle, el canto de un pájaro o una risa intermitente, se fundirán en una sola voz, quizás una que usted reconozca de los sueños o la niñez, trozos de canción que no están relacionados con el contexto, un súbito disparo de cañón o un repique de campanas. Puede que oiga una sola palabra, una frase o un mensaje que aparece en su mente. No trate de analizarlo o de preguntar cómo esas palabras o sonidos pueden relacionarse con el marco presente.

• Su clariaudiencia puede estar acompañada por imágenes, olores o impresiones. Puede conseguir muchos sonidos o mensajes, o uno solo.

• Cuando sienta que el mundo se entromete una vez más, o está cansado, pare. Siéntese tranquilamente y registre en su diario las palabras y cualquier impresión asociada, sus sentimientos y el contexto.

• En la medida en que vaya practicando, encontrará que empieza a recoger sonidos y voces por las mañanas temprano y durante los paseos por la tarde, incluso en calles urbanas, al sintonizar con impresiones vocales de épocas pasadas. Market Street y Abbey Way pueden ahora estar llenas de supermercados y de edificios de muchos pisos, pero retienen el griterío de las primeras calles o los cantos monásticos. Los sonidos más mundanos —el zumbido de una máquina de coser o el canturreo de una aspiradora— pueden proporcionar el telón de fondo para los mensajes de clariaudiencia y sonidos tanto de otras épocas como de otros mundos.

• A veces su voz interior se hará más fuerte, avisándole y advirtiéndole de los peligros y las oportunidades. Esta guía urgente es muy diferente de los «y si», que tienen muchas interpretaciones. Algunas personas continúan para canalizar mensajes de su más alto o desarrollado ser o de las guías angelicales. Sólo si el mundo interior se entromete muy frecuentemente en el exterior —y esto es verdad para todo trabajo psíquico— debería tomarse un descanso y concentrarse por un tiempo en el trabajo físico y las tareas mundanas para restablecer el balance.

Clariaudiencia en la naturaleza

Empecé el capítulo hablando de los sonidos naturales, el viento entre los árboles y el goteo del agua entre las piedras. Los profetas y las profetisas de la Antigüedad usaban herramientas elaboradas de adivinación, pero ellos explotaban sus habilidades de clariaudiencia para oír lo que consideraban como las voces naturales de las deidades y de los espíritus naturales. El agua es un medio natural y un oráculo, tanto en la forma de manantiales sagrados como en el flujo del mar en una playa, en lo que T. S. Eliot llamó «el silencio entre dos olas». O el rugido de una cascada —que aparta de la mente cualquier otro ruido terrenal—, el suave ruido del agua en el lavabo o incluso un acuario oxigenado con una bomba que gorgotea en la sala de estar o en el área de trabajo.

En Dodona, la antigua arboleda de robles y santuario de Zeus, situado cerca de Epirus, las sacerdotisas del oráculo arrimaban sus oídos al suelo para recibir las respuestas, murmuradas tan bajo que sólo podían ser oídas en la mente. Las sacerdotisas también interpretaban el sonido de las hojas susurrando entre las arboledas de robles o del agua debajo de las rocas, no sólo por inspiración en los asuntos estatales de los grandes reyes, sino también en los asuntos del corazón, de felicidad y de salud que todavía constituyen la base de las vidas de cada uno realmente.

Piedras parlantes

Las piedras parlantes tienen una tradición mágica muy antigua. Si puede encontrar una fuente natural de agua que fluya sobre guijarros, puede escuchar la sabiduría formada por la fusión de la piedra y el agua. Un riachuelo urbano o una pequeña fuente en una plaza de la ciudad puede ser tan potente como escuchar el océano golpeando afiladas rocas, aunque menos poético. Cualquiera que sea la fuente del agua, haga una pregunta o céntrese en un asunto y escuche la repuesta, que puede venir como una corriente de palabras o una simple palabra o frase.

También puede recurrir a la lluvia que cae en un cuenco de piedras. Se dice que el agua de la lluvia tiene propiedades curativas cuando cae el día de la Ascensión o en cualquier momento de junio. No obstante, el agua de la lluvia siempre ofrece un medio profundo para las piedras parlantes. El agua debe caer directamente en el cuenco desde el cielo y no tocar ni tejados ni hojas cuando desciende.

• Escoja 20 o 30 guijarros pequeños de diferentes formas y tamaños, de lugares que tienen buenos recuerdos para usted. Estas piedras deberían venir del agua o estar cerca de esta, en una orilla, una ribera de un río o un lago, preferiblemente en lugares donde el agua surja de forma natural, y no gracias a medios construidos por el hombre.

• Manténgalos en agua de manantial cuando no los use, en un cuenco de cristal o de vidrio con una amatista o con cuarzo rosa. Déjelos en un lugar donde puedan absorber la luz del Sol y de la Luna libremente.

• Use una fuente de agua corriente desde la que pueda recuperar sus piedras después de hacer su pregunta (o preguntas). Por ejemplo, puede emplear una fuente de jardín, una manguera o un grifo por el que el agua corra despacio hasta caer dentro de una tina larga de estaño, un balde de metal o plástico o una tina de agua de madera.

• Tome unas cuantas piedras de su contenedor y póngalas debajo del agua corriente. Al hacerlo pregunte o céntrese en una cuestión. Deje que la pregunta emerja espontáneamente. Si no hay nada específico, deje que las piedras le hablen sobre sus esperanzas y sueños.

• Cierre sus ojos y deje que el agua forme el sonido de palabras o de una sola frase.

• No se pare para intentar desenmarañar el significado de la respuesta. Si tiene otra pregunta, extraiga otro puñado de piedras y póngalas debajo del agua corriente encima del primero.

• Puede continuar tanto tiempo como piedras tenga.

• Ponga juntas las respuestas. Pueden proporcionale un mensaje coherente o tener un hilo argumental como en una historia. Si el mensaje no está claro, siéntese con los ojos cerrados al lado del agua corriente y deje que cualquier palabra, sonido e incluso imágenes entren en su mente.

• Si todavía no lo tiene claro, vaya a dar un paseo o a cavar en el jardín —pase el resto del día entretenido en tareas prácticas.

• Cuando haya terminado con sus piedras parlantes, rocíelas ligeramente con sal del mar para limpiarlas de cualquier pensamiento negativo, séquelas suavemente y devuélvalas al recipiente de vidrio.

• Por la noche, deslice el papel con las palabras debajo de su almohada.

• A medida que se vaya quedando dormido, intente recrear el sonido del agua en las rocas o ponga una cinta o un CD con los sonidos del mar o del río (véase la página 175). La conexión llegará en sus sueños, que probablemente incluirán agua.

Naomi había recogido sus piedras de las orillas de un lago escocés en su luna de miel, con la intención de hacer piedras runas, pero nunca las había usado. Ahora, dos años después, habiendo justo alcanzado un puesto de trabajo de gran poder en una revista de mujeres, ella comprobó que estaba inesperadamente embarazada.

Naomi había vivido durante diez años con su marido antes de su boda, pero los niños no estaban en la agenda. Karl estaba encantado con las noticias, pero Naomi, que ya estaba empezando a sentir muchas náuseas, estaba bastante preocupada ya que las otras mujeres en la oficina eran jóvenes, solteras y muy ambiciosas.

Ella echó sus piedras en un estanque de guijarros en el jardín, y el pequeño chorro de agua burbujeó ante su pregunta silenciosa: «¿Cómo puedo hacer frente?»

La respuesta no se hizo esperar: «Sé como la loba: la fuerza está en la manada y la alegría está en el cachorro». Naomi entendió instantáneamente. Su bisabuela, que era muy anciana

cuando Naomi nació, solía leerle *El libro de la selva,* de Rud-
yard Kipling, especialmente la historia de Mowgli, que fue cria-
do por la loba. En ese momento, Naomi sintió a su bisabuela
cerca y pudo oler su agua de lavanda favorita.

Naomi explicó que su bisabuela tuvo una vida dura porque
su madre tuvo ocho hijos. Ella luchó por aprender a leer en una
escuela de noche después de su jornada en la fábrica. Pero la
anciana siempre habló más de sus alegrías de la niñez que de
sus penas, y mantuvo a la familia unida hasta su muerte, solu-
cionando cualquier riña con las palabras que Naomi había escuchado.

Naomi tuvo una imagen repentina de lo vacía que estaba su
propia vida. Ella y Karl a menudo pasaban semanas separados,
preocupados por problemas de sus profesiones. Cuando el
bebé nació, Naomi la llamó Ruth por su bisabuela, y decidió
trabajar desde casa, escribiendo sobre asuntos relacionados
con las madres y los niños.

¿Estaba hablando la sabiduría interior de Naomi, o le había hablado su bisabuela a través del agua?

El resultado fue el mismo.

Ejercicio: hablando a los árboles

Este es otro arte practicado en la arboleda de robles de
Zeus, en Dodona, donde se alza su roble sagrado profético. La madera cortada de este árbol actuaba como oráculo para Jason y los Argonautas en su peligroso viaje en búsqueda del vellocino de oro.

No necesita utilizar una arboleda de robles, aunque el
roble, símbolo de la fuerza y la sabiduría, era el árbol adivinatorio de los druidas, así como el rey del bosque en la
tradición clásica.

Los pinos son símbolo de la iluminación, y el fresno de
la amplia visión y de la resistencia. Los abedules anuncian
nuevos principios, los sauces la intuición y los serbales la

protección. El álamo, o chopo blanco, era denominado el árbol tembloroso porque sus hojas se mueven incluso cuando no hay brisa. Puede además preguntar al álamo a cualquier hora y su respuesta estará acompañada con poderes curativos, su propiedad más destacada.

• Espere a un día de viento. Párese durante un momento en una arboleda, dejando que el sonido de las hojas fluya a través de usted.

• Si no tiene una pregunta específica, deje que las hojas mecidas por la brisa compartan su sabiduría. Ya que los robles pueden vivir más de mil años y los tejos dos mil, han visto muchas épocas y muchas alegrías y penas. Son buenos profesores, especialmente si necesita ver los asuntos desde una nueva perspectiva.

• Si hay preguntas o problemas, coja un cuchillo y grabe las iniciales de cada palabra de su pregunta en una rama caída o en una pequeña rama sin hojas.

• Espere hasta que pare el viento y lance la rama todo lo lejos que pueda, hacia arriba u horizontalmente hacia un claro. El viento contestará muy rápidamente.

• Cierre los ojos y escuche las palabras formadas por las hojas al susurrar.

• Cuando el mensaje haya finalizado, espere por si hay más palabras que necesite escuchar. Las imágenes pueden aparecer en su mente, fragancias, emociones o impresiones. Muchos de los otros sentidos psíquicos están cercanos a la clariaudiencia.

• Finalmente, toque ligeramente el tronco del árbol que se encuentre más cercano a usted. Deje que su fuerza y su salud inmovilicen cualquier pensamiento no armónico y renueven sus energías.

Telepatía

S e entiende por telepatía el hecho de leer la mente o enviar mensajes con un teléfono mental, pero hay más. Todos usamos la telepatía sin pensar —los niños juegan con la mente todo el tiempo—. Es muy fuerte entre los miembros de una familia, no sólo gemelos, sino también entre madres e hijos, hermanos y hermanas, amantes y parejas. Desarrollar esta habilidad, de modo que la podamos usar cuando sea necesaria, es un paso importante en el desarrollo de los poderes psíquicos.

Diane vive en Ventnor en la isla de Wight. Su marido Brian estaba trabajando como cocinero jefe en el barco *Rina del Mare*, y uno de sus trabajos era vigilar las provisiones almacenadas. De repente Brian sufrió un colapso y tuvo que ser llevado a la enfermería con agudos dolores en su estómago. Después de cuatro horas estaba bien y pudo volver al trabajo. Durante las horas que Brian pasó con esos dolores, sin él saberlo, Diane estaba en el hospital de St Mary en Newport, en la isla de Wight, siendo operada de urgencia de la vesícula biliar.

¿Qué es la telepatía?

La telepatía es definida como la transmisión de ideas, pensamientos, sentimientos y sensaciones de una persona a otra sin palabras. La palabra *telepatía* proviene del griego *tele* (distancia) y *pathe* (suceso o sensación), y fue acuñada por Frederic W. H. Myers, un investigador psíquico, poeta y psicólogo, el cual fundó la Sociedad de Investigación Psíquica en 1884. Un año después se creó la Sociedad Americana de Investigación Psíquica y la telepatía se convirtió en el primer fenómeno psíquico estudiado científicamente. Examinar la telepatía bajo condiciones de laboratorio ha sido siempre difícil. En 1930 el parapsicólogo americano J. B. Rhine empezó los cuestionarios de percepción extrasensorial (ESP) en la Universidad de Duke, en Carolina del Norte, utilizando naipes y Zener o cartas ESP en las que cinco figuras diferentes estaban pintadas. Tuvo problemas para encontrar personas que acertasen significativamente, al margen de la casualidad, en sus experimentos de adivinación de cartas.

Examinar a los niños es incluso más difícil que a los adultos. El único investigador que ha tenido un éxito significativo fue Ernesto Spinelli, trabajando en la Universidad de Surrey durante la década de los sesenta. Sus experimentos eran estimulantes para los niños: utilizaba cajas coloreadas de acertijos, títeres y rompecabezas para capturar lapsos de atención. Los mejores sujetos eran los niños de tres años. Los segundos mejores eran los niños de cinco a ocho años, y después de estos todos los grupos que puntuaban a un nivel de posibilidad. Las puntuaciones eran mejores si dos niños estaban aproximadamente parejos en el IQ. El doctor Spinelli dio como hipótesis que los niños utilizan los mismos procesos de pensamiento para la telepatía que para el pensamiento normal. Una vez que sus pensamientos llegan a ser interiorizados, la habilidad de jugar con la mente disminuye. Desde entonces nadie ha sido capaz de replicar sus resultados. Muchos de los experimentos telepáticos con niños fallan o porque los niños pierden interés o porque están bajo mucha presión por acertar. Cuando las hermanas Creery, adolescentes, fueron investigadas por la Sociedad de Investigación Psíquica en 1888, tuvieron una muy buena puntuación en la adivinanza de cartas, pero los resultados fueron descartados cuando fueron descubiertas empleando señales secretas durante las sesiones cuando estaban en la misma habitación. No obstante, las hermanas habían obtenido buenos resultados cuando estaban separadas. Ellas dijeron que no habían usado señales en sus experimentos más exitosos y recurrían a estas cuando no podían obtener resultados porque estaban ansiosas por evitar molestar a los examinadores.

Experimentos recientes han sido más alentadores. La capacidad psíquica puede extenderse a través de la población, de acuerdo con la doctora Deborah Delanoy, una investigadora *senior* en el departamento de psicología en la Universidad de Edimburgo, el centro líder en investigación de los fenómenos paranormales en Gran Bretaña. «Es como la música. Habría Mozarts y personas que virtualmente no tienen ninguna habilidad. Muchos de nosotros estaremos en cualquier lugar en contacto».

Otros experimentos alrededor del mundo encontraron evidencias que parecían mostrar que las personas eran conscientes de hechos que ellos no podían haber conocido por medio de la percepción normal. Los sujetos, en los experimentos en la Universidad de Edimburgo, llevan los ojos tapados, están sentados en una silla cómoda y les ponen una cinta de ruido blanco, ruidos informes como una radio no sintonizada, que los relaja y los prepara para el experimento. Luego un transmisor en otra habitación trata de transmitir a los voluntarios pensamientos objetivos de imágenes y sonidos, mientras que el experimentador con-

trola y compara los esquemas de pensamiento de los dos.
Por la ley del promedio, deberían haber habido similitudes
en alrededor de un cuarto de experimentos, pero el equipo
de Edimburgo consiguió una cifra cercana a un tercio.

Cartas ESP

Puede probar experimentos de adivinación de cartas para
examinar su vínculo telepático con amigos cercanos o con
miembros de la familia. Este experimento incluye la transmisión de imágenes telepáticamente. La imaginación visual está en la base de toda visualización y de mucho del
trabajo de clarividencia.

• Fotocopie las cartas ESP (véase pág. 121), una variedad
de las cartas Zener originales, de manera que tenga cinco
de cada diseño.

• Cree cada diseño en gris, de manera que haya sólo una
variable, en este caso la forma.

• Si desea probar algo diferente, puede utilizar alternativamente cinco signos astrológicos, o cinco colores. La única condición para crear su propio diseño es que cada una
de las cinco sea distinta de las otras y pueda ser nombrada
fácilmente.

• Puede que observe, cuando revise sus resultados del
cuestionario, que mientras la transmisión telepática directa sea baja, algunas veces las personas cogen consistente-
mente la siguiente carta para repartir o incluso dos cartas
más, una forma de precognición o clarividencia.

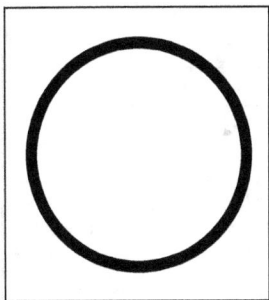

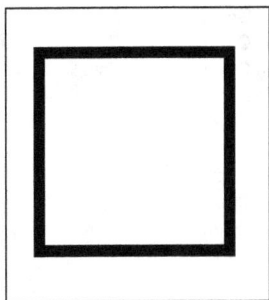

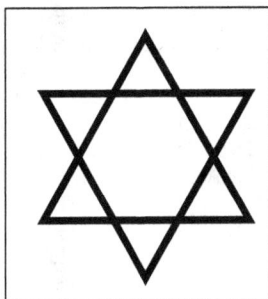

Cartas ESP: círculo, cruz, cuadrado, estrella y agua

CUESTIONARIO DE CARTAS

Transmisor	
Receptor	Fecha
Transmisor	Receptor
Círculo Cruz Cuadrado Estrella Agua	Círculo Cruz Cuadrado Estrella Agua
Círculo Cruz Cuadrado Estrella Agua	Círculo Cruz Cuadrado Estrella Agua
Círculo Cruz Cuadrado Estrella Agua	Círculo Cruz Cuadrado Estrella Agua
Círculo Cruz Cuadrado Estrella Agua	Círculo Cruz Cuadrado Estrella Agua
Círculo Cruz Cuadrado Estrella Agua	Círculo Cruz Cuadrado Estrella Agua
Círculo Cruz Cuadrado Estrella Agua	Círculo Cruz Cuadrado Estrella Agua
Círculo Cruz Cuadrado Estrella Agua	Círculo Cruz Cuadrado Estrella Agua
Círculo Cruz Cuadrado Estrella Agua	Círculo Cruz Cuadrado Estrella Agua
Círculo Cruz Cuadrado Estrella Agua	Círculo Cruz Cuadrado Estrella Agua
Círculo Cruz Cuadrado Estrella Agua	Círculo Cruz Cuadrado Estrella Agua
Círculo Cruz Cuadrado Estrella Agua	Círculo Cruz Cuadrado Estrella Agua
Círculo Cruz Cuadrado Estrella Agua	Círculo Cruz Cuadrado Estrella Agua
Círculo Cruz Cuadrado Estrella Agua	Círculo Cruz Cuadrado Estrella Agua
Círculo Cruz Cuadrado Estrella Agua	Círculo Cruz Cuadrado Estrella Agua
Círculo Cruz Cuadrado Estrella Agua	Círculo Cruz Cuadrado Estrella Agua
Círculo Cruz Cuadrado Estrella Agua	Círculo Cruz Cuadrado Estrella Agua
Círculo Cruz Cuadrado Estrella Agua	Círculo Cruz Cuadrado Estrella Agua
Círculo Cruz Cuadrado Estrella Agua	Círculo Cruz Cuadrado Estrella Agua
Círculo Cruz Cuadrado Estrella Agua	Círculo Cruz Cuadrado Estrella Agua
Círculo Cruz Cuadrado Estrella Agua	Círculo Cruz Cuadrado Estrella Agua
Círculo Cruz Cuadrado Estrella Agua	Círculo Cruz Cuadrado Estrella Agua
Círculo Cruz Cuadrado Estrella Agua	Círculo Cruz Cuadrado Estrella Agua
Círculo Cruz Cuadrado Estrella Agua	Círculo Cruz Cuadrado Estrella Agua
Círculo Cruz Cuadrado Estrella Agua	Círculo Cruz Cuadrado Estrella Agua

Hoja de cuestionario

• Corte las formas fotocopiadas para hacer un paquete de 25 cartas, lo suficientemente pequeñas para que se puedan coger fácilmente.

• El modo más fácil de registrar los resultados es una hoja de cuestionario del tipo mostrado en la página 122. El transmisor debería hacer un círculo en la carta que él o ella haya escogido en la sección apropiada cada vez que se gire una.

• Después esta marca puede ser comparada con las averiguaciones que el receptor marque en su carta.

• Fotocopie suficientes hojas para registrar diez series al mismo tiempo y separe diferentes cartas para el transmisor y el receptor.

El cuestionario

• El transmisor y el receptor deberían mirar los diseños antes de la realización del cuestionario y estar de acuerdo en que utilizan los mismos nombres para ellos.

• Puede ser útil pasar unos pocos instantes juntos antes del cuestionario, imprimiendo silenciosamente los diseños en la conciencia conjunta.

• El transmisor y el receptor deberían, si es posible, estar en habitaciones colindantes, o si no, en el otro lado de la habitación; el receptor de espaldas al transmisor, mirando una pared clara, de modo que no pueda recoger ninguna señal inconsciente o ser distraído por otro estímulo visual. Se pueden utilizar biombos si es necesario.

• El transmisor baraja las cartas.

• Cuando el cuestionario ha comenzado, el transmisor debería dar la vuelta a las cartas en el orden en que aparezcan y continuar girando las cartas una a una hasta que cada una de las 25 cartas haya sido girada.

• El transmisor puede tocar una campana o utilizar un timbre, o decir «ya está» o «ahora» cada vez que se gire una nueva carta.

• También el transmisor debería mirarla, tomándose diez segundos para transmitir el símbolo y al mismo tiempo hacer un círculo en el símbolo en el cuestionario de las cartas, antes de dar la vuelta a la siguiente.

• Puede ser de ayuda para el transmisor concebir el símbolo viajando en una onda de color al receptor, y para el receptor visualizar también el símbolo luminoso viniendo hacia ellos.

• El receptor hace un círculo en cada opción de la hoja del cuestionario en la columna del receptor, tratando de no visualizar la decisión o de averiguar, y registrar la primera imagen que le viene a la mente.

• Hay que utilizar un cronómetro. La rapidez es importante para prevenir que la lógica influya en el receptor.

• Es vital que el transmisor no haga ningún comentario, ya que el receptor podría, consciente o inconscientemente, empezar intentando utilizar más la lógica para averiguar la serie de cartas que la intuición.

• Se ha de repetir el cuestionario después de barajar las cartas otra vez.

• Al cabo de cinco series, habrá que realizar un breve descanso antes de cambiar. El transmisor se convertirá en el receptor para las cinco siguientes. No hay que discutir ni tratar de averiguar el éxito de las pesquisas.

• Recuerde que no está examinando una habilidad psíquica individual, sino el vínculo entre dos personas, así que añada dos jugadas hasta hacer el total de diez jugadas.

• Cuando haya realizado las diez series, calcule el número correcto del total de aciertos sin reparar en quién los hizo. Mire cómo se comparan las evaluaciones de aciertos significativos listados en la tabla de la página 126.

Estadísticas interpretativas

Puede probar esto con diferentes miembros de la familia y amigos y comparar sus resultados. No obstante, cualquier situación del cuestionario es artificial y no refleja el vínculo telepático vivo enraizado en el amor. Si usted y su alma gemela aciertan menos que la probabilidad, esto no significa que su amor sea una fracaso, sino que no son personas que se sientan cómodas con los cuestionarios y que sería mejor que se concentraran en desarrollar sus habilidades psíquicas donde ellas operan mejor, en el mundo real.

El significado de las estadísticas y las probabilidades son increíblemente complejos y están más allá del ámbito de este libro. Si está interesado en el significado estadístico, he sugerido más información en la página 184. Para propósitos de la vida real, el criterio básico de *estar por encima de la probabilidad* es más que adecuado.

Después de una jugada intentando averiguar las cartas, el receptor tiene una oportunidad de un 50/50 de obtener cinco aciertos de 25. Si calcula el total de los resultados, este resultado probable se convierte en menor al hacer más jugadas. Matemáticamente el cálculo valora que hay sólo una entre 20 posibilidades de obtener nueve correctas en cualquier jugada de cartas única. Estos resultados son generalmente aceptados por los científicos en contra de aquellos resultados debidos a la suerte.

Si toma uno de cada cinco en cada serie como línea de fondo para los resultados probables, tiene una idea aproximada de cómo saber si está usando ESP. Si desea valorar estas probabilidades de un modo más preciso, he hecho una lista de muestra de lo que llamamos los *resultados significativos*, sobre los cuales ESP es casi ciertamente operativo, incluso por estándares científicos estrictos. Si constantemente puntúa por encima de uno de cinco en los cuestionarios, entonces yo y otros experimentadores psíquicos informales estaríamos contentos de aceptar que la telepatía está implicada entre el transmisor y el receptor.

Número de series de 25 conjeturas	Puntuación probable	Puntuación significativa
1	5	9
2	10	16
3	15	22
4	20	28
5	25	34
10	50	63

La telepatía en la vida cotidiana

Igual que ocurre en una crisis, la telepatía es un vínculo rutinario no verbal entre relaciones de sangre, parejas o aquellas personas estrechamente vinculadas por el amor o una amistad muy fuerte. Este vínculo diario que produce el amor puede ser utilizado con amigos o miembros de la familia ausentes. Opera empleando el mismo canal de amor citado más arriba, de manera que no necesita protección psíquica alguna, aparte de buenos propósitos. Como en todo desarrollo psíquico, no trabaje si se siente negativo o exhausto.

• Acuerde un momento para enviar pensamientos cariñosos a un amigo, a un familiar ausente, cuando usted no esté preocupado, cada tarde o cada mañana.

• Cuando se acabe de levantar o al irse a dormir son dos buenos momentos, ya que las barreras conscientes están más bajas.

• Puede que encuentre que le ayuda encender una vela y sentarse durante unos minutos viendo en el ojo de su mente la sonrisa de la persona ausente. Dígale a la persona con la que se está comunicando que también encienda una vela al principio del momento previamente acordado del contacto psíquico y que la mire fijamente, visualizándole en su lugar acostumbrado, quizás en su silla favorita o sentado a la mesa de la cocina, algún lugar en definitiva en el que hayan compartido muchas conversaciones en el pasado.

• Pronuncie en su mente unas pocas palabras de estímulo o reconocimiento. La primera vez trate de transmitir el nombre de un lugar que hayan visitado juntos, un amigo mutuo del pasado o una broma privada, cualquier cosa que tenga un significado personal para ambos y que no compartan con otros.

• Visualice la escena, el amigo mutuo o el lugar en el marco en el que compartieron la broma, ya que la telepatía trabaja mejor a través de canales visuales.

• Escriba el mensaje que está enviando, anote todas las impresiones que reciba de vuelta, para que no las olvide. Si ha visualizado un lugar en el mensaje, garabatee un boceto de lo que ha imaginado. Un dibujo será suficiente.

• Deje los mismos intervalos en una conversación psíquica que los que dejaría en una conversación externa.

• Al mismo tiempo, la persona ausente debería estar sentada tranquilamente escuchando y centrándose en su mensaje, y devolviendo sus sensaciones. Es importante no intentar racionalizar el lugar o el nombre escogido y, si nada viene, no forzarlo. Esta es una primera tentativa.

• El receptor debería escribir cualquier palabra o imagen recibida, así como cualquier impresión general sobre su contacto, y en especial con las emociones.

• Después de cinco o diez minutos, apague las velas, enviando luz y protección a la fuente del envío telepático. La persona ausente debería hacer lo mismo al mismo tiempo.

• La siguiente noche cambie los papeles, para que la otra persona envíe el primer mensaje. Si ve que ambos están enviando y recibiendo simultáneamente, esto es natural, como sería con cualquier conversación no psíquica. Esto muestra que se están vinculando telepáticamente.

• Intente transmitir a la misma hora cada día, durante un periodo ininterrumpido de diez días, si es posible, para establecer el ritmo.

• Cuando se comunique por teléfono no mencione las sesiones hasta que el periodo acordado haya finalizado.

• Después de diez días, cambie las copias de los mensajes telepáticos con la otra persona. Puede encontrar que ambos hayan coincidido, no en las palabras reales, sino en las emociones que usted o la otra persona han experimentado antes y durante el contacto (si tuvo un dolor de cabeza o serios asuntos subyacentes).

Julia, que se comunicaba con una amiga, Liz, que vivía a cien millas, se preocupó cuando la primera noche no podía encontrar su monedero.

Ella intentó comunicar la palabra del cuestionario, que era Josh, el nombre del gran perro de cerámica que su amiga le había regalado para su último cumpleaños. Pero Liz escribió *monedero* aquella primera noche.

Sarah, una mujer de negocios de unos cincuenta años, estaba enviando el mensaje en la quinta noche cuando ella tuvo un súbito espasmo de dolor en su pierna que no se marchaba; como no se sentía tranquila telefoneó a su hija Maria, sin la intención de mencionar el experimento.

Maria dijo: «Me sorprendería si hubieses captado algo esta noche, ya que cuando estaba sentada con mi vela, el perro se precipitó dentro y tiró el viejo taburete de pino que estaba a mi lado en la mesa de la cocina sobre mi pierna. Casi me caigo al suelo. Mi pierna está muy morada».

Continuar el vínculo

Puede que encuentre que su sesión telepática inicial fue muy tranquila. Si fue así, puede usarla como un vínculo para las siguientes. Si sólo ha comunicado una sensación positiva general antes que una información específica, no se preocupe. Este es el primer paso vital y debería continuar con otro ciclo de diez días de vínculo telepático.

• Pase un poco más de tiempo en cada una de las diez noches seguidas y sostenga un símbolo que sea significativo para usted y el receptor, ya que a veces los vínculos visuales son más fáciles de transmitir.

• Una vez que haya establecido el vínculo telepático, puede que desee tener una sola sesión semanal.

• Gradualmente intercambie mensajes, primero en sesiones alternativas y después simultáneamente.

• Cuando esté más seguro, cambie retazos de noticias utilizando la telepatía, especialmente aquellos que tienen significado para ambos en un sentido personal.

• Revíselos periódicamente con la persona con la que se comunica. Después de unas semanas, estará sorprendido de su éxito.

• Acuerde momentos telepáticamente para telefonear a la otra persona.

• No mencione conscientemente el momento al otro e intente escoger una hora en la que normalmente no estarían en contacto. Pronto descubrirá que el teléfono está preparado en cada ocasión.

• Cuando tenga confianza, envíe mensajes en un momento que no esté previamente acordado. Anote la hora, el lugar y el mensaje. Consiga que la otra persona haga lo mismo y comparen las notas. Puede encontrarse con que la otra persona estaba pensando en usted en el momento en que estaba enviando el mensaje, incluso si el mensaje no llegó como tal.

Vínculos familiares fortificantes

Envíe mensajes telepáticos de amor y ánimo para los niños y las parejas durante el día en momentos en que usted sepa que estarán estresados, o a adolescentes o adultos que están lejos de casa y puede que echen de menos el ambiente familiar.

Una madre canadiense enviaba mensajes de amor a su niño que estaba en la guardería del trabajo. Siempre que ella telefoneaba para preguntar cómo estaba él, el personal informaba que el niño se acercaba hasta el teléfono desde el otro lado de la habitación. Él sólo hacía esto cuando telefoneaba su madre y el momento del contacto variaba. Un adolescente en Wiltshire se colocaba debajo de la ventana de su madre y la despertaba telepáticamente, si él se olvidaba las llaves. Siempre funcionaba, aunque ella tenía un sueño profundo.

Una vez que el canal telepático está operativo, también puede usarlo para recordar a su pareja que traiga a casa pan o café. Conozco muchos matrimonios que confiaban ciegamente en su lista de la compra psíquica.

Igualmente, si va a llegar tarde y no puede contactar con su pareja o amigo, comuníquese telepáticamente. Cuando estén juntos, pasen tiempos en silencio, hablando mentalmente; después de unos pocos minutos verá que pueden continuar la conversación incluso si no aparece un tópico que previamente hayan mencionado.

Esto también funciona con mascotas, con las que puede contactar mentalmente si va a llegar tarde a casa o si tiene que dejarlas para irse a un viaje de trabajo o de vacaciones.

Cuando haya utilizado estos métodos con éxito durante unas pocas semanas, intente los experimentos de cartas otra vez por diversión. Su puntuación puede haber mejorado, incluso en el cuestionario de situación.

Ejercicio: mantener un diario psíquico

Como ya dije al principio de este capítulo, muchas personas tienen regulares conexiones telepáticas espontáneas. A menudo no las registramos, y puede ser difícil recordar meses o años más tarde lo que ocurrió. Rita, una madre americana que tenía diez hijos, mantiene un diario de todas las sincronizaciones preocupantes o coincidencias significativas que ocurren y, especialmente con sus hijos adoptivos, ayudan a confirmar el vínculo afectivo dentro de la familia.

• Mantenga una pequeña libreta consigo, de modo que pueda apuntar esas veces en que su madre llama precisamente cuando coge el teléfono para llamarla a ella, cuando un amigo que está muy lejos envía la misma tarjeta de cumpleaños que es muy inusual a un amigo común, esos instantes tentadores cuando un niño repentinamente repite un pensamiento no dicho o la memoria de una accidente que sucedió antes de que él o ella naciese o le trae ese objeto o comida que usted está visualizando en ese preciso momento o minutos antes.

• Copie estos casos en su diario psíquico principal. A medida que se abran sus poderes psíquicos, esto aumentará su confianza y se la proporcionará para fiarse de su sabiduría intuitiva en otros aspectos de su vida.

Sueños y conciencia psíquica

D ejadnos aprender a soñar, y entonces quizá podamos encontrar la verdad» (Friedrich. A. von Kekule, profesor de Química en Gante, Bélgica, en una convención científica en 1890).

> Los padres de Jenny habían estado decorando la habitación de su hermano adolescente. Durante la noche, ella soñó que dos mujeres de piel oscura venían hacia ella, y reconoció a una como su abuela fallecida. Ellas le dijeron que se levantara rápido, ya que había un gran peligro. Ella se levantó y vio humo colándose por debajo de la puerta. El colchón de su hermano, que estaba apoyado contra una luz, se había empezado a quemar. Había bombonas de gas en la planta de abajo. Jenny despertó a su madre, que fue capaz de llamar a los bomberos justo antes de que el teléfono se cortara.
>
> Más tarde, cuando la familia estaba a salvo, la madre de Jenny le preguntó qué la había despertado y Jenny describió a las dos mujeres. La segunda era la otra abuela de Jenny, que había muerto antes de que Jenny naciese.

El mundo de los sueños parece ofrecer un nivel de conciencia que no está limitado por los confines tiempo y espacio, cuando las barreras de la conciencia están bajas.

Debido a que este es un libro introductorio, no cubre el fenómeno más complejo del sueño lúcido (la habilidad de ser consciente de que se está soñando y de cambiar el sueño). No obstante, he incluido un ejercicio simple para introducir la materia y para capacitarle para que pruebe el estimulante sueño lúcido por sí mismo. Hay una sección que incluye más bibliografía y donde hay un listado de las direcciones de contacto más útiles al final del libro si quiere estudiar este tema con más profundidad.

El sueño creativo, para resolver problemas y encontrar ideas que le inspiren, es una habilidad psíquica básica, pero importante. Para maximizar este canal de comunicación, es importante desarrollar una memoria precisa del sueño, para de este modo acceder a la rica información ofrecida en el transcurso de este pero a menudo olvidado a la luz del día.

Los símbolos de la lista de las páginas 155-165 del libro se han encontrado tanto en los sueños como en el profetizar y en la adivinación.

Sueño creativo

Frederick A. von Kekule estuvo involucrado en una investigación sobre la estructura de la molécula de benceno que no tuvo éxito. Una tarde él se quedó dormido en una silla y tuvo un sueño en el que largas hileras de átomos empezaban a enrollarse en una formación que parecía una serpiente. Una de las serpientes cogió su propia cola y empezó a girar en un círculo. Von Kekule se despertó y, utilizando el modelo de anillo cerrado visto en su sueño, revolucionó la química orgánica.

En 1789, Ernst Chladni vio en un sueño con detalles precisos un instrumento musical que no le resultaba familiar. Él experimentó con el proyecto revelado en el sueño, e inventó el *bombardino*, un instrumento melodioso similar a la tuba.

Si estos rayos de inspiración son interpretados como una intervención psíquica de una conciencia superior, o como sabiduría innata que ha estado trabajando en un problema a un nivel inconsciente más profundo, en ambos casos el vehículo del sueño ofrece la respuesta elusiva.

El psicólogo Carl Gustav Jung estaba estaba convencido de que todos tenemos acceso a un pozo colectivo de sabiduría que se inspira en todas las culturas y tiempos, llamado por algunos filósofos Archivos Akáshicos. Se dice que estos archivos pueden ser consultados en el estado del sueño, durante la proyección astral o en un estado de meditación profunda. Algunas personas están convencidas de que cada nueva civilización redescubre el conocimiento enterrado bajo las arenas o el mar al ser eclipsadas las civilizaciones más antiguas.

Una técnica básica para el sueño creativo

Este método, que puede utilizarse para responder una pregunta o dar información que no es accesible a la mente consciente, tiene mejores resultados si se lleva a cabo inmediatamente antes de ir a dormir.

• Tome un baño relajante y añada aceites esenciales de jazmín, mimosa o rosa, que son los aceites tradicionales del sueño creativo. No utilice más de diez gotas en total en un baño con agua.

• En el dormitorio, encienda una vela de color lila suave o rosado. Colóquela en una bandeja termorresistente.

• Escriba una pregunta para la que necesite una respuesta, el nombre de un objeto que haya perdido o un dilema que le esté causando problemas.

• Utilice una almohada para soñar, llena de pétalos secos de rosa o una mezcla de lavanda y lúpulo, debajo de su almohada usual.

• Al sentarse a la luz de la vela, lea la pregunta. Entonces quémela en la llama de la vela.

• Apague la vela, repitiendo la pregunta una vez más. Luego introdúzcase en las nubes lilas o rosas de la luz de la vela extinguida.

• Puede que no obtenga una respuesta directa en su sueño, pero si interpreta el sueño como una historia, habrá claves y entradas —y puede que incluso esté inspirado para inventar o escribir algo nuevo como resultado.

• Si no puede ver ninguna conexión, escriba otra vez la pregunta original antes de empezar el día, y deje que su bolígrafo escriba sin pensamiento consciente.

Desarrollar el recuerdo del sueño

Algunas personas recuerdan los sueños con gran detalle de un modo natural; otras los olvidan casi inmediatamente al despertarse. Es posible para cualquiera mejorar el recuerdo de los sueños manteniendo un diario de sueños al lado de la cama y anotando los sueños en el momento de despertar. Si sigue este procedimiento será capaz de utilizar los sueños como una fuente de conocimiento intuitivo, para planear, y como una alarma de obstáculos que se pueden evitar y que no han sido registrados por la mente consciente.

• Tenga un bolígrafo o un bloc al lado de la cama.

• Si un sueño particularmente vívido le despierta, anote los rasgos más característicos. No espere hasta la mañana, ya que los detalles pueden desaparecer o quedar cubiertos por otros sueños.

• Algunos expertos en sueños aconsejan que deliberadamente se despierte con una alarma en medio de la noche, pero esto puede crear un modelo de sueño turbador que sea contraproducente con un sueño sano y con un ciclo natural de sueño.

• Cuando sea posible, no use despertadores o radiodespertadores para despertarse por la mañana, ya que pueden interrumpir la lenta transición entre el sueño y el despertar. Váyase a la cama pronto para poder despertarse naturalmente. Lo mejor sería que empezase su diario de sueños un fin de semana o durante unas vacaciones, cuando no está bajo la presión de levantarse a horas determinadas y correr de un lado para otro nada más levantarse.

• Si es posible, permítase a sí mismo tener tiempo por la mañana temprano para recoger y registrar sus sueños antes de que las cuestiones del día se entrometan.

• Al levantarse, siéntese tranquilamente y permita que las imágenes del sueño se formen en su mente. Regístrelas con una palabra, una frase, un dibujo o un diagrama.

• Empiece con el sueño más reciente. Deje que este le dirija hacia atrás como un hilo a través de sus recorridos nocturnos. Si las imágenes no llegan espontáneamente no las fuerce, pero deje que su mente le dirija naturalmente en este estado de transición.

• Si no puede recordar el sueño entero, escriba una palabra clave, una imagen predominante y quizá recurrente, un estado de humor o una emoción. No intente descifrar el significado de este estado.

• Puede que encuentre más fácil tener una grabadora al lado de su cama y encenderla al levantarse por la noche o que sea lo primero que haga por la mañana. Generalmente, la tradición oral se presta por sí misma a la espontaneidad, y suele evitar las modificaciones que se producen subconscientemente al escribir el sueño.

• Experimente con diversos modos de registro, dibujo, poesía, incluso con modelos de arcilla.

• Deje que el sentido del sueño se revele naturalmente durante el día, quizá durante dos o tres días si es un sueño especialmente significativo.

Sueños de predicción

Los sueños dramáticos de predicción son siempre espontáneos. A medida que se desarrolle su trabajo con los sueños, puede encontrar que peligros menores o completamente evitables emergen en sus sueños. Los sueños de predicción no siempre anuncian un desastre inevitable.

Con la práctica aprenderá a distinguir entre los sueños de ansiedad, en los que ocurren toda clase de desastres, y aquellos sueños de alarma que pueden avisarnos de información que no está registrada por la mente consciente, tales como un neumático gastado del coche o la necesidad de observar la salud de una persona querida que puede no haber mostrado síntomas de angustia.

El sueño de predicción puede realmente causarle cierta ansiedad, porque usted sabe que su radar interno nocturno detectará cualquier causa verdadera de un asunto real con tiempo suficiente para llevar a cabo una acción evasiva o positiva.

La diferencia real entre las preocupaciones que flotan libremente por nuestra mente y un sueño de alarma verdadero es que el segundo tiende a ser muy detallado, más urgente, y de que tiene la calidad de la vida real, pero intensificada, para que la urgencia permanezca con usted todo el día.

La gente describe tales sueños como «más que sueños», hablando de una luz dorada alrededor de la escena.

Un ejemplo claro está incluido en mi libro *Encuentros con fantasmas*. Describe cómo un sueño profético de Jennifer salvó la vida de su madre. La descripción de Jennifer era muy vívida, incluso llegaba a los detalles del papel de la pared del dormitorio de su hija y las ropas de su padre fallecido:

En mayo de 1982, cuatro meses después de la muerte de mi padre, yo estaba dormida. En mis sueños, oí un ruido en la habitación de mi hija Susan. Susan estaba en casa de una amiga de la escuela ese fin de semana. Me levanté y fui a la habitación de mi hija. Mi padre estaba de pie junto a la pared. Él llevaba un traje gris lustroso de un material sedoso y había una luz alrededor de todo su cuerpo. Justo antes de su ataque al corazón, mi padre había decorado la habitación de mi hija con flores rosas de manzana, quizá por eso él se mostró en esa habitación.

Las manos de mi padre estaban calientes cuando las tocabas y él estaba bien y brillaba. «Tú madre no está bien, así que ten cuidado», él me avisó y abrió la puerta. Me desperté sobresaltada al lado de mi marido y le desperté para contarle mi vívido sueño. Cuando vino mi madre, le pregunté si estaba teniendo problemas de salud. Ella lo negó vehementemente.

Mencioné el sueño a mi hija Susan que tenía 14 años y a menudo se quedaba los fines de semana con mi madre para hacerle compañía. Le pedí que vigilase por si se presentaba algún problema. El domingo siguiente Susan vino a casa y me explicó que cuando su abuela se había agachado, Susan había visto un bulto rojo sospechoso en la parte alta de su pecho que ella se había cubierto rápidamente. Le pregunté a mi madre sobre esto y dijo que no había querido preocupar a la familia desde que mi padre había estado enfermo. Ella incluso había ocultado su supuesta enfermedad a su marido.

Le hice prometer a mi madre que iría al médico inmediatamente. Ella fue directa al hospital. El bulto era maligno, pero después de una operación y radioterapia se recuperó y cumplió 90 años en 1996.

Ver fantasmas en sueños

Muchas personas que han perdido a familiares me han contado lo confortables que han sido los sueños sobre ellos. A veces el familiar abraza a la persona afligida y le habla de asuntos ordinarios que ofrecen una muestra de que la persona muerta está bien y es feliz, y esencialmente se trata de la misma abuela o madre que la mimó cariñosamente en la Tierra. Si tales sueños son un contacto psíquico con otra dimensión o se trata de nuestras mentes que recrean el amor que sobrevive a la muerte importa menos que el consuelo que proporcionan, especialmente si la muerte fue súbita o llegó después de una enfermedad agotadora.

Los niños ven a sus abuelos muertos en sueños rutinariamente, y esta puede ser una manera muy positiva de tratar con el concepto de la muerte para toda la familia. Estos sueños raramente asustan a los pequeños.

Mary, que vive en County Wicklow, en Irlanda, describió cómo su marido fallecido visitó a su nieta en sueños:

> Cuando mi nieta Marie tenía tres años, le dijo a mi hija Sian que ella había estado hablando con su abuelo en un sueño. Dijo que el abuelo parecía joven, pero dijo que no había *pubs* en el cielo y que su padre estaba allí también. El abuelo llevaba sus pijamas. En la siguiente visita del abuelo, Marie contó que él llevaba sus camisas y sus pantalones. Sian estaba embarazada y el abuelo le dijo a Marie que mamá tendría al nuevo bebé muy pronto. Él envió el mensaje «no debes estar disgustada de que el bebé sea una niña otra vez».
>
> Todos esperaban un niño. Era el tercer bebé de Sian después de dos niñas, y presentaba una forma completamente diferente en la matriz. Sian le había llamado Shannon y le había comprado ropa azul. Marie explicó que el abuelo dijo que la familia podía todavía llamar a la niña Shannon, ya que era un buen nombre irlandés. Poco después de está conversación, Shannon tuvo el bebé que fue una chica y a la que llamaron Shannon.
>
> El abuelo no visitó a Marie otra vez hasta que el cuarto bebé de Sian estaba a punto de nacer. Esta vez le aseguró a Marie que tendría un hermano y que llegaría pronto. El bebé nació como predijo al poco tiempo, un chico llamado Connor.
>
> La niña pequeña identificó a su abuelo describiendo sus ropas y apariencia, aunque ella no había visto ninguna foto suya y él había muerto cuando ella era muy pequeña.

Para los niños es más fácil que para los adultos ver a parientes fallecidos porque las demandas de la lógica no han estrechado los límites de la probabilidad. Si un abuelo amaba a un niño en vida y regresaba a ver al niño o a la niña, para el niño pequeño la muerte no es un obstáculo para continuar el contacto.

Soñar con los seres queridos

Aunque este contacto en el sueño es normalmente espontáneo, puede recrear la cercanía de una madre querida, de una abuela o de una pareja. Esto puede ser especialmente útil en aniversarios o cuando esté en un estado agudo de pena. No está llamando a los espíritus ni está refrenando su marcha. Por muchos informes dolorosos creo que las sesiones de espiritismo, los tableros ouija y actividades similares son peligrosas tanto en un nivel psicológico como psíquico.

El sueño psíquico es simplemente una dimensión en la que el amor y el confort pueden ser experimentados con esa facilidad y esa aceptación plenamente positiva que niños como Marie dan por sentada, que la abuela o el abuelo aparecen en un sueño para charlar.

• Escoja una tarde en la que nada le estorbará y en la que se sienta positivo y placenteramente cansado, pero no exhausto e irritable.

• Antes de prepararse para el sueño, encienda una pequeña luz de noche rosada o verde, los colores de la familia y el amor. Colóquela de modo que pueda arder sin peligro mientras duerme.

• Obsérvese a sí mismo rodeada por una luz protectora (aunque aquellos que le aman nunca le harían daño).

• Ponga una música suave que usted y la persona que ha muerto compartían como una melodía especial. Cuando la canción se difumine, escuche otra vez la voz familiar cantando la canción con palabras o entonándola.

• Ahora añada una fragancia que le evoque la esencia de la persona —un perfume favorito, betún de lavanda, pan recién hecho, lino fresco.

• Cuando la música esté finalizando, sostenga un símbolo de la persona que haya perdido —una fotografía, un pañuelo, un libro que hubiese leído mucho o una joya—. Este objeto puede haber pertenecido a la persona fallecida. Igualmente puede ser un regalo que él o ella le hiciera y que fuera especial, no en términos monetarios, sino más bien porque fue ofrecido y aceptado con amor.

• Mientras sostiene ese foco del amor y de la pérdida, recuerde con el oído de su mente la voz de la persona compartiendo una broma o un momento de intimidad.

• Visualice a su ser querido de pie en el otro lado de la habitación. Concéntrese en una parcela de color de sus ropas, de modo que gradualmente se expanda y crezca hasta que pueda ver a la persona con el ojo de su mente.

• Apague la vela y deje el objeto al lado de su cama o, si es pequeño, debajo de la almohada.

• Al quedarse dormido, escuche la voz hablándole suavemente sobre sucesos cotidianos.

• Puede soñar con la persona en un contexto ordinario o el sueño puede sacar a la superficie cualquier asunto sin resolver que puede entonces ser expresado simbólicamente y se puede dejar que repose. En el sueño puede que no vea la figura claramente, sino que sólo sea consciente de su presencia.

• Cuando se despierte, sentirá una gran sensación de paz, incluso si no puede recordar el sueño específico.

• Durante los siguientes días puede que sienta su presencia, vea una sombra fugaz o experimente una armonía profunda. Algunas personas detectan el perfume del ser querido mucho después que el olor físico haya desaparecido de la habitación.

• Después de este ejercicio puede experimentar otros sueños de parientes fallecidos, quizás incluso de una persona que no reconozca.

• Busque en las fotografías familiares o en los archivos. Puede que identifique a una bisabuela o abuelo ofreciéndose como guías y que pueden después regresar a través de los sueños especialmente en tiempos de crisis, asegurándole de que todo irá bien y ofreciéndole consejos sabios. Si ocurre esto, usted es un privilegiado. No hay nada que temer.

• Sin embargo, si no le gusta ese contacto, no continuará. Los fantasmas familiares raramente se introducen en los sueños o en la realidad si sus presencias provocan preocupación, pero puede que experimente todavía una sensación de protección, especialmente cuando se está quedando dormido.

• También puede utilizar esta técnica para transmitir emociones cercanas a amigos o familiares que todavía están vivos si están separados por un malentendido o la persona está temporalmente ausente físicamente por encontrarse a muchos kilómetros.

• Otra vez puede experimentar la reconciliación en el sueño y es posible que tenga noticias de estas personas muy pronto o encuentre una oportunidad natural de contactar con ellas.

Ejercicio: llevar un diario psíquico

Use un diario especial o uno en el que le queden hojas en blanco para que pueda añadir sueños y catalogarlos. Usted puede utilizar sus notas iniciales junto con cualquier dibujo, o copiarlos en el diario cuando escuche una cinta de casete.

• Ponga la fecha de cada entrada, anotando cualquier suceso significativo en su vida en el momento del sueño. Esto ayuda tanto cuando vaya a analizar sus sueños como al ver las imágenes que se repiten de modo que usted pueda trazar modelos.

• Asígnele a sus sueños títulos de categorías generales, con las cuales parezca haber una frase significativa o una palabra clave, de modo que pueda identificar relaciones entre sueños y sucesos. Esto constituye una base para que establezca eventualmente su propio sistema simbólico de sueños.

• Anote la localización de cada sueño, su significado para usted y las emociones que este ha creado. Si hay un lugar del pasado, puede que tenga un significado especial para su situación presente, o que sea una repetición de una vieja situación que necesita ser resuelta por usted para poder avanzar.

• Empiece a registrar sus propios símbolos para los sueños, alterando mi lista si mis interpretaciones no concuerdan con sus conceptos personales. Muchos símbolos de los sueños son universales, pero aun así el modo como percibamos un significado dependerá de nuestra propia y única trayectoria vital y de las influencias de la cultura y la familia sobre nuestra imaginación en fase de desarrollo desde que éramos niños.

Ejercicio: estimular sueños lúcidos

Muchas experiencias de sentirse fuera del cuerpo tienen lugar durante los sueños lúcidos, el estado en el que se es consciente de que se está soñando y por eso se puede controlar o incluso cambiar el sueño. El recuerdo del sueño es el primer paso importante hacia el sueño lúcido, que puede usar para volar, flotar y viajar a tiempos pasados u otras dimensiones.

Una vez que sea consciente de que la experiencia fuera del cuerpo está teniendo lugar en un sueño y que por lo tanto nada físico puede dañarle, puede explorar muchos escenarios que podrían ser más desalentadores en una proyección astral inducida más consciente en el estado en el que está despierto.

• Antes de ir a dormir, túmbese en la cama y evoque en su mente un sueño excitante en el que esté volando, flotando o explorando otras dimensiones. Concéntrese en los colores, los detalles y las sensaciones de alegría o anticipación.

• Céntrese en un símbolo del sueño o créelo, algo que no ocurriría en el mundo cotidiano: un animal parlante, una flor del color del arco iris que constantemente cambia el color o alas de plumas brillantes emergiendo de sus brazos.

• Cuando el signo aparezca, repita en voz alta: «Cuando vea [nombre su signo], yo sabré que estoy soñando».

• Continúe con la visualización, introduciendo el símbolo varias veces, diciendo cada vez: «Cuando [nombre su signo] aparezca yo recordaré que estoy soñando y que puedo cambiar la acción».

• Permítase caer dormido, pero mantenga su intención de saber que está soñando y el símbolo de sus sueños en sus pensamientos, para que estas sean las últimas palabras conscientes que permanezcan en su mente antes de caer dormido.

• Cuando se despierte, anote en su diario psíquico cualquier cosa que pueda recordar de sus sueños y si su símbolo especial del sueño tuvo lugar.

• Puede ayudar tener un símbolo real que pueda sostener, mientras repite la afirmación cada noche antes de dormir, como una pluma de color brillante para sus alas.

• Cada mañana, justo antes de levantarse, y cada noche antes de dormir, recree su secuencia original de sueño visualizada, añadiendo detalles, embelleciendo su símbolo con detalles incluso más elaborados y desarrollando la imagen.

Desarrollo de su trabajo psíquico

Una vez que tenga confianza en sus propias habilidades, puede incorporarse a una organización psíquica (véase página 176). Para muchas personas la conciencia psíquica se convierte, al igual que ocurrió para nuestros ancestros, en una habilidad que se usa principalmente en el mundo cotidiano para ayudar a tomar decisiones y confirmar la corrección de nuestros sentimientos y acciones. Por ejemplo, puede profetizar, usando los símbolos listados al final de esta sección como una guía para el significado, mientras camina, conduce, lava la ropa, cena a la luz de la vela o tumbado en la bañera. Los métodos que aparecen en la lista abarcan todos los tiempos y culturas.

Formas de adivinación del mundo natural

Adivinación con nubes

La adivinación con nubes, que era practicada por los druidas, incluye profetizar mediante la observación de las formas cambiantes de las nubes, dejando que estas estimulen las habilidades naturales. Como la forma de una nube puede cambiar dos o tres veces mientras la observa, este hecho puede construir series de imágenes que responderán su pregunta o su dilema corriente, tanto como el despliegue de las cartas del tarot puede fortalecer una imagen.

• Concéntrese en una área del cielo. Busque nubes grandes individuales y oscuras en contraste con el azul claro del cielo o una formación densa de un cúmulo de nubes a la salida o a la puesta del Sol.

• Una vez que haya identificado dos o tres imágenes, garabatee bocetos de ellas en el papel. Deje que su intuición las ponga juntas.

Adivinación con el fuego

• Encienda una fogata en el jardín o un pequeño fuego en una parrilla.

• Escriba una pregunta o un dilema en una pieza de papel, y arrójela a las llamas. Al recrudecerse estas y disminuir, mire el fuego alrededor de las cenizas para buscar imágenes o impresiones que puedan ofrecer una respuesta.

Adivinación con hierbas

Utilice hojas secas o frescas y finamente cortadas. Las hierbas adivinatorias tradicionales son el perejil, la salvia, el romero y el tomillo, pero cualquier hierba culinaria puede servir siempre que las hojas individuales sean sólidas y estén separadas.

• Sosteniendo el papel tirante por la punta, sacuda las hierbas encima de un trozo de papel rígido de cocina blanco o una cartulina con una superficie áspera hasta que se forme una imagen.

• Las imágenes de las hierbas pueden ser a menudo escenas enteras, vistas desde una distancia.

• Si su imagen de las hierbas no tiene sentido inmediatamente, siéntese en el otro lado de la mesa para cambiar el punto de vista.

Adivinación con hojas de té

Todos podemos leer las hojas del té, como hacían nuestras abuelas. El secreto reside en dejar que un grupo de hojas sugieran una imagen o un cuadro que puede arrojar luz sobre los problemas presentes y las opciones futuras.

• Haga un tazón de té empleando una variedad natural. No utilice colador cuando eche el té.

• Use una taza grande y clara de colores luminosos.

• Cuando haya bebido el té, deje suficiente líquido en el fondo de la taza para que las hojas queden flotando.

• Remueva el té que queda en la taza en sentido contrario a las agujas del reloj tres veces con la mano izquierda.

• Coloque la taza invertida en el platillo para vaciar el líquido que queda. Gire la taza invertida unas tres veces más en sentido contrario a las agujas del reloj, otra vez usando la mano izquierda.

• Manteniendo el asa hacia usted, gire la taza y déle vueltas en todas las direcciones hasta que pueda ver imágenes en las hojas.

Adivinación con espuma y burbujas de jabón

• Lave un objeto a mano y con jabón, para que este haga burbujas en la superficie del agua.

• Deje que la espuma del jabón forme imágenes y observe qué asociaciones fluyen conscientemente desde su mente subconsciente.

• Alternativamente, vierta agua y añada aceite espumoso. Al hacerlo, remueva las burbujas con sus dedos para formar imágenes. Si emplea una fragancia de lavanda o de jazmín, el aroma realzará sus poderes psíquicos naturales.

Adivinación con cera fundida

• Encienda una vela de colores luminosos.

• Llene un cuenco de cerámica termorresistente o uno de metal con agua fría.

• Piense en una pregunta o en un asunto dominante mientras mira fijamente la llama de la vela.

• Vierta la cera derretida de la vela gota a gota en la superficie del agua pensando en una pregunta o en un asunto que le importe.

• Permita que la cera forme una imagen. Concéntrese en esta imagen y en lo que significa para usted.

Símbolos centrales

Los siguientes símbolos del sueño y del profetizar son básicamente imágenes arquetipo que han tenido relevancia en diferentes periodos, culturas y mitologías. Pueden ser utilizados para cualquier clase de interpretación psíquica, aunque las formas geométricas se ven más en el agua.

Puede ocurrir que un símbolo tenga tanto un aspecto positivo como uno negativo. Deje que sus sentimientos le guíen. ¿Es el bosque en la taza de té o en el espejo un símbolo excitante o se siente perdido y asustado al verlo? Cada símbolo tiene dos caras, positiva y negativa (indicada en cursiva en el glosario que se facilita a continuación). Sólo usted puede decidir qué aspecto se aplica a sus circunstancias particulares.

Recoja sus propios símbolos para añadirlos a la lista:

Abejas: comunicación positiva con los otros y con su ser psíquico en desarrollo. *Malentendidos en la comunicación.*

Abuela, mujer sabia, bruja: sabiduría y protección, aprendizaje de experiencias pasadas. *Miedos de cumplir años y de volverse feo; un conflicto sin resolver o desconocido con una mujer mayor.*

Alien, criatura extraña: necesidad de seguir la propia trayectoria. *Un sentimiento de estar solo y de no ser entendido.*

Ancla: seguridad material y estabilidad emocional. *Perder el rumbo.*

Ángeles: buscar la felicidad a través del desarrollo psíquico y espiritual, de los ideales, la sabiduría y la conexión con el ser más elevado o las guías espirituales. *No estar en contacto con los asuntos prácticos.*

Arco iris: nuevos comienzos, alegría después de la pena; prosperidad futura. *Decepción; sueños no realistas.*

Bosque, jungla: confianza en los instintos; una inesperada dirección potencialmente excitante. *Una sensación de haber perdido el camino, de ser incapaz de ver el camino por estar sometido a muchas presiones.*

Botes, transbordadores: viajes, cambios positivos, expansión de los horizontes, resultados de esfuerzos pasados. *Barcos hundidos representan incertidumbre sobre cambios inminentes.*

Bucle: encontrar un camino alternativo si el camino recto está bloqueado. *Desacuerdos sin sentido; decisiones impulsivas que pueden no ser sabias.*

Búho: pensamiento considerado; consejo sabio en problemas terrenales. *Es desaconsejable ignorar los avisos de una persona más mayor o más sabia.*

Caballo: armonía con los otros; expansión de horizontes y oportunidades. *Ser conducido a un sendero que no se desea seguir.*

Cabeza: utilice antes la lógica que los sentimientos para guiar sus decisiones. *Un acercamiento demasiado frío y lógico a una situación o amistad.*

Caída, figura cayendo a través del aire: dejar atrás las inhibiciones, abrirse a nuevas experiencias. *Miedo de perder la seguridad, o dejarse llevar sin control.*

Campanas: una causa de regocijo, especialmente asociada a bodas y relaciones. *Deje que otros conozcan sus esfuerzos.*

Cangrejos: una enfermedad presente o un problema terminará; emergencia de una nueva confianza. *Un cangrejo escondido entre las rocas indica una incapacidad para mostrar sentimientos.*

Cañas, bastones: determinadas personas tendrán un lugar importante en su vida. Dos o tres son una familia, y un grupo grande puede representar una organización. Las cañas erguidas indican seguridad. *Cañas onduladas o rotas representan a aquellos que varían sus opiniones según su humor y su situación.*

Castillo, palacio: éxito y reconocimiento, protección de una fuerza poderosa o de una persona. *Sentimientos de exclusión si está fuera o atrapado dentro* (ver también **Prisión**).

Círculo o anillo, círculos: una relación o una sociedad se afianzará; exitosa conclusión de un proyecto. *Dar vueltas en círculos.*

Cocodrilo: el sigilo, la calma exterior y la paciencia darán resultados. *Habrá que tener cuidado con la duplicidad en un extraño amistoso o en un nuevo conocido.*

Cofre del tesoro: un talento sin desarrollar o un nuevo contacto le proporcionará beneficio financiero. *Agotamiento de las fuentes financieras.*

Colinas, montañas: objetivos a largo término y sueños que son alcanzables. *Un progreso lento, obstáculos, una sensación de una constante lucha cuesta arriba.*

Collares: un vínculo de amistad o de amor le rodea. *Un collar roto sugiere habitualmente que una amistad o un amor necesita atención.*

Corazón: siga su corazón en el amor o en problemas de familia. *Chantaje emocional por parte de otros.*

Cruz: limitaciones y obstáculos serán superados. *Un sacrificio personal será necesario, pero el dolor a corto plazo traerá una ganancia más adelante.*

Cuadrado: protección, tiempo de preparación; seguridad material. *La preocupación por asuntos financieros y prácticos restringe el ámbito para el cambio.*

Daga, cuchillo: abrirse camino a través de la inercia; ha de utilizar la lógica antes que la emoción. *Miedos de hostilidad, cotilleo desenfrenado y malicia.*

Dragones: poder, energías y éxito seguro. *Impulsos destructivos o frustración sexual.*

Eclipse: un aspecto de su vida dominará temporalmente. *Está temporalmente eclipsado por otros o por las necesidades de otros.*

Elefante: consejo sabio; una empresa que a largo plazo merece la pena. *Obstáculos aparentemente inamovibles.*

Escalas: la justicia y los principios son importantes justo ahora. Haga un balance de los pros y de los contras de una situación con cuidado. *Peligro de ser influido por una emoción o un prejuicio.*

Escalera: ambiciones, ideales y sueños que pueden ser conseguidos paso a paso. *Miedo a apuntar alto y no llegar.*

Espinas: una relación que está desarrollándose o una área de la vida que necesita cuidado y protección. *Pequeñas pero dolorosas injurias infligidas por los otros.*

Estrellas: sueños que pueden ser realizados; el desarrollo psíquico de los sentidos. *Esperar a otros para alcanzar la felicidad.*

Flotar: armonía sexual, conexión con su propia sabiduría inconsciente y con la sabiduría profunda de la humanidad. *Una sensación de aislamiento y de falta de objetivos.*

Fuego: iluminación y renovación de las energías; despejar lo que ya no se va a necesitar más. *Un conflicto sin resolver que reaparece periódicamente.*

Gatos: independencia, espíritu indómito, imagen propia muy positiva. *Gatos violentos o gatos negros de brujas* *puede representar un rencor escondido hacia los otros o resentimiento contra uno mismo.*

Gigante: una gran ambición o empresa; ayuda de fuentes poderosas. *Personas intimidatorias a las que no deberían permitir dominar.*

Gitano: deseo de estar libre de restricciones innecesarias; habilidades psíquicas emergentes. *Inquietud; un sentimiento de alienación, especialmente en una situación de índole doméstica.*

Gnomo, enano: resolución de problemas económicos; consejo práctico que se necesitaba. *Sueños o esperanzas enterradas o instintos reprimidos.*

Gotas: empresas y ganancias que llevarán tiempo para madurar. *Descuido de los detalles.*

Hojas: un grupo de hojas indica alabanza o recompensas materiales. *Una hoja sola cayendo avisa de que algo se está muriendo y de que es tiempo de irse.*

Hormigas, insectos: juntarse con otros superará una situación aparentemente inamovible. *Preocupación o estado de irritación por cosas insignificantes.*

Huevo: fertilidad, nuevos comienzos. *El ego frágil o una persona vulnerable debe ser cuidada.*

Iceberg: profundidades ocultas para personas o situaciones. *Se ignoran las implicaciones profundas de una acción.*

Isla: vacaciones, necesidad de descansar y de relajarse. *Sentimientos de aislamiento.*

Laberinto: exploración y revelación de la sabiduría oculta; se encuentra el camino de salida de una situación difícil. *Confusión sobre los planes futuros y la dirección futura, quizá porque otros han recibido mensajes conflictivos.*

Leones, tigres, animales salvajes: energías instintivas de supervivencia; fuerza y coraje; despertar de la sexualidad. *Sentimientos negativos, enfado y sexualidad.*

Libro: un libro abierto representa una nueva oportunidad para aprender o una nueva oportunidad en asuntos legales. *Un libro cerrado significa que existen secretos que debes conocer.*

Líneas (onduladas o interrumpidas): la necesidad de desvíos para conseguir un objetivo. *Frustración, especialmente en un viaje.*

Líneas (rectas): una casa directa, un viaje directo o una empresa honrada. *Una actitud demasiado rígida respecto a los problemas y las personas.*

Lobo: familia; otros dependen de usted; lealtad. *Sentirse derrumbado por conflictos familiares o de trabajo.*

Loro: sea original; sugiera e implemente nuevas ideas, antes que seguir acercamientos establecidos. *El cotilleo puede llegar a ser irritante.*

Lucha, ejército, soldados: llevar a cabo una acción contra la injusticia; coraje y acción. *Una lucha larga y arraigada.*

Luna: seguir antes que resistirse a los ciclos naturales y a las etapas de la vida; confiar en las intuiciones y en los sueños. *Ilusión y decepción; expectativas poco realistas; inactividad.*

Luz, casa iluminada: iluminación, sueños psíquicos y espirituales, transición a una conciencia más profunda. *Sentirse atraído por las cualidades superficiales de los otros.*

Llave: respuesta a un problema que ha durado mucho. *Emociones cerradas, retrasos de toda clase.*

Mago/a: poder creativo, inspiración y todos los asuntos psíquicos. *Ha de tener cuidado con la ilusión y con tomar el camino más fácil; evite las ofertas que parecen demasiado buenas para ser verdad.*

Malabarista: éxito en sopesar diferentes alternativas. *Ser requerido para encontrar demandas conflictivas.*

Manzana: fertilidad y abundancia; los esfuerzos serán fructíferos. *A menos que una idea o una relación sea alimentada, no prosperará.*

Mariposa: renacimiento y regeneración; disfrute la felicidad presente. *Una mariposa atrapada o moribunda indica el momento de dejarlo ir.*

Máscara: presentar la persona adecuada al mundo; utilice el tacto, la creatividad y la imaginación. *Siente incertidumbre acerca de las intenciones y las reacciones de los otros; secretos revelados.*

Mesa: familia unida y celebraciones familiares. *Lleva a cabo una conferencia familiar o de trabajo para resolver malentendidos potenciales.*

Meteoro, cometa: iluminación súbita; aproveche el momento: una oportunidad súbita puede no repetirse otra vez. *La tentación de buscar la excitación antes que lo realizable.*

Monje, monja, cura, ermitaño: consejo sabio, de una persona mayor o de una fuente establecida, en problemas del corazón y del espíritu. *La incapacidad de una persona más mayor de relacionarse con los sentimientos y las necesidades reales de los otros.*

Mono: curiosidad, adaptabilidad y adquisición de nuevas habilidades. *Vacilaciones y problemas respecto a los otros.*

Murciélago: confíe en sus instintos. Los miedos ocultos a lo desconocido desaparecerán si son enfrentados a la luz del día. *Alguien le está escondiendo un secreto.*

Niños, bebés: nuevos proyectos, si un padre o una madre o un posible padre o madre se divierte con los niños. *Un deseo excesivo de regresar al pasado, inseguridad y un deseo de ser protegido.*

Notas musicales: armonía con uno mismo y con los otros. *Personas cercanas están causando problemas entre la familia o los amigos.*

Nudo: concentre todas las energías en un área; enfoque las prioridades. *Un enredo de emociones o de problemas prácticos de los que siente que no puede librarse.*

Oído: tiempo para escuchar, no para hablar; escuchar lo que la gente quiere decir, más que lo que dice. *Chismorreos sobre personas cercanas.*

Pájaros: mensajes, ambiciones elevadas; familiares extendiendo sus alas. *Las jaulas para pájaros indican miedo a ser atrapado.*

Paloma: actúe como mediador entre una familia enfrentada o entre unos amigos cercanos. *Puede que se arriesgue al ser obligado a tomar una decisión poco sabia para mantener la paz.*

Perros: fidelidad y amistad leal. *Perros feroces: enfado ahogado y agresión.*

Pez, pescador: prosperidad futura; éxito a través de la paciencia. *Ser manipulado por otros.*

Pipa: tómese su tiempo para pensar y discutir una decisión importante. *Evite la cortina de humo arrojada por los otros sobre hechos y sentimientos.*

Pirámide: poderes psíquicos curativos; necesidad de mirar al pasado para obtener una respuesta. *Almacenar recursos cuando podría ser más sabio utilizarlos.*

Pozo: salud, habilidades curativas y acceso a una sabiduría inconsciente a través de la exploración psíquica. *Pérdida de la vitalidad y del optimismo.*

Prisión, jaula: reconocer que ciertas reacciones y palabras instintivas han de ser temporalmente refrenadas. *Sensaciones de estar ahogado y de ser incapaz de hablar y actuar libremente.*

Puente: hay un camino para superar las dificultades presentes si usted es lo suficientemente fuerte. Llegue a un acuerdo con personas para resolver conflictos. *Un* *puente roto puede representar el vínculo débil de un proyecto o de una relación.*

Puerta: si está entreabierta, es un camino que puede tomarse. *Si está cerrada, representa un camino que todavía no está abierto.*

Pulpo: versatilidad; habilidad de atender diferentes demandas a un mismo tiempo. *Incapacidad para alejarse de una situación emocional; posesión respecto a los otros.*

Puntos: dinero u oportunidades de hacer dinero. *Preocupación por lograr la perfección.*

Ratas, ratón, roedores: simbolizan el éxito de la persistencia para vencer la inercia y el estancamiento. *Asuntos que parecen multiplicarse durante el día, pero que no pueden ser ignorados.*

Rectángulo: progreso al aceptar fuerzas después de una trayectoria fija. *Las actitudes rígidas con los otros pueden reducir el ámbito de la acción inmediata.*

Regalo: una paga inesperada o un elogio va a aparecer en su camino. *Tenga cuidado con una oferta cuyo precio pueda o no pueda merecer la pena pagar.*

Rocas: utilice los reveses como un impulso para conseguir un progreso incluso mejor. *Peligros potenciales que han de ser tratados con cuidado.*

Rosas, flores: amor, amistad y felicidad emocional; los ramos son expresión de amor o admiración. *Las flores moribundas indican una desarmonía encubierta o preocupaciones sobre la salud.*

Serpiente: indica regeneración; se dejarán atrás problemas pasados. *Los demás pueden no estar muy abiertos a sus tratos.*

Signos, indicadores: elecciones en campos futuros, siguiendo los indicadores del éxito probable. *La confusión está delante; elecciones conflictivas.*

Sol: un símbolo universal de alegría, de fuerza vital, de expansión, confianza y comunicación. *Agotamiento físico o emocional; falta de alivio para las presiones intensas.*

Telaraña: diferentes aspectos de su vida se juntan en un esquema; ha de crear su futuro mediante acciones presentes. *Se sentirá atrapado por el destino y por las maquinaciones de los demás.*

Telescopio: prefiere una ventaja a largo término que una ganancia o un alivio inmediato. *Los problemas pueden parecer más graves a causa de la ansiedad.*

Toro: constituye un símbolo muy antiguo del poder, del coraje y de la determinación, que le llevará a abordar los problemas directamente. *Miedos en torno a una irritabilidad potencialmente incontrolable e ira contra uno mismo o contra los demás.*

Torre: tome una postura que resulta necesaria en un principio, y un punto de vista más amplio surgirá como consecuencia. *Se sentirá limitado por restricciones y no por lo que usted hace.*

Triángulo: posibilidades inesperadas o talentos sin desarrollar que pueden conducir al éxito. *Se deben aprovechar las oportunidades antes de que se pierdan.*

Visitantes: noticias o informaciones especialmente del extranjero; renovación de viejas amistades o vínculos. *Intrusión en la privacidad o en la vida familiar.*

Volar, paracaídas, aviones, seres no angelicales con alas: símbolos que hablan de viaje astral, éxtasis sexual; nuevas oportunidades; tomará el control del destino. *Miedos a perder el control emocionalmente o problemas en el campo de la sexualidad.*

Volcán: un súbito aumento de una energía interna poderosa o un cambio profundo que removerá la inercia de aquellos que están a su alrededor. *Un enfado reprimido o* *un resentimiento puede estallar en un modo destructivo si no es canalizado.*

Zorro: adaptabilidad, necesidad de sigilo e ingenuidad. *Una posible traición de los demás.*

Direcciones útiles

Aromaterapia

Reino Unido

Cursos y detalles para practicantes

The International Society of Professional Aromatherapists (Sociedad Internacional de Aromaterapistas Profesionales), Hinckley and District Hospital and Health Centre (Head Office), The Annexe, Mount Road, Hinckley, Leics. LE10 1AG. UK.
   Teléfono: + 44 - 1 455 63 7987.

Venta por correo de aceites

Neals Yard Remedies (Remedios Neals Yard), 15 Neal's Yard, London WC2H 9DP.
   Teléfono: + 44 - 1 713 79 0141.

Kobashi Essential Oils (Aceites esenciales Kobashi), 2 Fore Street, Ide, Exeter, devon EX2 9RQ.
   Teléfono: + 44 - 1 392 21 7628.

*Tisserand, Aromatherapy Products Ltd (Productos de aroma-
terapia Tisserand, Ltd.).*, Newtown Road, Hove, Sussex
BN3 7BA.
Teléfono: + 44 - 1 273 20 8444.

Estados Unidos de América

*National Holistic Aromatherapy Assotiation (Asociación na-
cional de aromaterapia holística),* PO Box 18622, Boulder,
CO 803-0622.
Teléfono: + 1 - 303 258 2791.

Chamanismo

Reino Unido

*Eagle's Wing Centre for Contemporary Shamanism (Centro
Ala de Águila para el chamanismo contemporáneo),* BCM
Box 7475, London WC1N 3XX.

Faculty of Shamanics (Facultad de chamanistas), Kenneth
and Beryl Meadows, PO Box 300, Potters Bar, Hertfords-
hire EN6 4LE.

Estados Unidos de América

Dance of the Deer Foundation (Fundación danza de ciervos),
Center for Shamanic Studies, PO Box 699, Soquel, CA
95073.
Teléfono: + 1 - 408 475 9560.

Fax: + 1 - 408 475 1860.
E-mail: shaman@shamanism.com.

Cristales

Australia

The Mystic Trader (El mercader místico), 125 Flinders
Lane, Melbourne, 3000.
    Teléfono: + 61 - 3 650 4477.
    Pedidos por correo y atención personal.

Suráfrica

The Wellstead (El muy útil), 1 Wellington Avenue,
Wynberg, Cape 7300.
    Teléfono: + 27 - 21 797 8982.

Topstone Mining Corporation CC, Dido Valley Road, PO
Box 20, Simonstown 7975.
    Teléfono: + 27 - 21 86 2020/1 / 2 / 3.

Reino Unido

The Mystic Trader (El mercader místico), 60 Chalk Farm
Road, London NW1 8AN.
    Teléfono: + 44 - 1 71 284 0141.

Mysteries (Misterios), 7 Monmouth Street, London
WC2H 9DA.

Teléfono: + 44 - 1 71 240 3688.

Tienda y venta por correo; todo para la Nueva Era y buenos consejos.

Estados Unidos de América

Eye of the Cat (El ojo del gato), 3314 E. Broadway, Long Beach, CA 90803.

Teléfono: + 1 - 213 438 3569.

Venta por correo de cristales y otros artículos Nueva Era.

The Crystal Cave (La bodega del cristal), 415 West Foothill Blvd, Claremont, CA 91711.

Venta por correo. Existencia de grandes variedades de cristales y piedras.

Curación espiritual

Canadá

National federation of Spiritual Healers (Federación nacional de curanderos espirituales).

Llamar pidiendo información al número + 1 - 416 284 4798.

Reino Unido

British Alliance of Healing Associations (Alianza británica de asociaciones de curanderos), Jo Wallace, 3 Sandy Lane, Gisleham, Lowestoft, Suffolk NR33 8EQ.

Teléfono: + 44 - 1 50 274 2224.

National Federation of Spiritual Healers (Federación nacional de curanderos espirituales), Old Manor Farm Studio, Church Street, Sunbury-on-Thames, Middlesex TW16 6RG.
Teléfono: + 44 - 1 93 278 3164.

Estados Unidos de América

World of Light (Mundo de luz), PO Box 425, Wappingers Falls, NY 12590.
Puede solicitar información llamando al teléfono + 1 - 914 297 2867 o por fax en el mismo número.

Hierbas

Australia

The National Herbalists Association of Australia (Asociación nacional de herbolarios de Australia), PO Box 65, Kingsgrove, NSW 2208.
Organización profesional.

Reino Unido

The National Institute of Medical Herbalists (Instituto nacional de herbolarios médicos), 56 Longbrook Street, Exeter, devon EX4 6AH.
Organización profesional.

The Herb Society (Sociedad de la hierba), PO Box 599, London SW11 4BW.
Información sobre hierbas.

SUMINISTRADORES

G Baldwin and Co., 171-3 Walworth Road, London SE17 1RW.
Teléfono: + 44 - 1 71 703 5550.
La mayor variedad de hierbas y productos de hierba en el Reino Unido; extensiva venta por correo.

Island Herbs, Vicki and Ian Foss, Sunacre, The Terrace, Chale, Ventnor, Isle of Wight PO38 2HL.
Teléfono: + 44 - 1 98 373 0288.
Amplia variedad de hierbas medicinales y culinarias para jardín y maceta criadas en las propias instalaciones.
Se puede enviar un sobre con un cupón de respuesta internacional y la dirección del remitente solicitando lista de productos.

Gerard House, 736 Christchurch Road, Bournemouth BH7 6BZ.
Teléfono: + 44 - 1 2 243 4116.
Excelente para compra por correo de hierbas secas.

Estados Unidos de América

The American Herbalists Guild (Gremio americano de herbolarios), PO Box 1683, Soquel, CA 95073.
Organización profesional.

Joan Teresa Power Products, PO Box 442, Mars Hill, NC 28754.
　　Teléfono: +1 - 704 689 5739.
　　Venta por correo, especialidad en hierbas inusuales, plantas, aceites e inciensos.

The Sagan Garden (El jardín de Sagan), PO Box 144, Payette, ID 83661.
　　Teléfono: + 1 - 208 454 2026.
　　Venta por correo de hierbas, así como de aceites, amuletos e inciensos.

Meditación

Véase también «Música Nueva Era».

Reino Unido

Organizaciones

The School of Meditation (Escuela de la meditación), 158 Holland Park Avenue, London W11 4UH.
　　Teléfono: +44 - 1 71 603 6116.

Meditación y música de visualización

Beechwood Music (Música Beechwood), Littleton House, Littleton Road, Ashford, Middlesex TW15 1UU.

Estados Unidos de América

Raven Recordings (Discos Raven), 744 Broad Street, Room 1815, Newark, NJ 07102.
   Teléfono: + 1 - 201 642 7942.
   Música de meditación, videos y cintas de Gabrielle Roth, una experta en estos temas.

Médium y espiritismo

Australia

Australian Spiritualist Association (Asociación de espiritistas australianos), PO Box 248, Canterbury, NSW 2193.

Asociación de espiritualistas de Canberra (Canberra Spiritualist Association), Griffin Centre, Civic, Canberra.

Canadá

Spiritualist Church of Canada (Iglesia espiritualista de Canadá), 1835 Lawrence Avenue East, Scarborough, Ontario M1R 2Y3.

Walter J. Meyer zu Erpen, Survivial Research Institute of Canada (Instituto canadiense de investigación de la supervivencia Walter J. Meyer zu Erpen), PO Box 8697, Victoria, British Columbia V8W 3S3.
   E-mail: gateway@nucleus.com.

El instituto publica el directorio de las organizaciones espiritistas de Canadá.

Reino Unido

Spiritualist Association of Great Britain (Asociación de espiritistas de Gran Bretaña), 33 Belgrave Square, London SW1 8QL.
Teléfono: + 44 - 1 71 235 3351.

The Arthur Findlay College (Colegio Arthur Findlay), Stanstead Hall, Stanstead, Mountfitchet, Essex CM24 8UD.
Esta es también la dirección de la *Spiritualist National Union (Unión Nacional de Espiritistas).*

Música Nueva Era

Australia

New World Productions (Producciones Nuevo Mundo), PO Box 244 WBO, Red Hill, Queensland 4059.
Teléfono: + 61 - 7 33 667 0788.
Venta por correo.

Reino Unido

New World Cassettes (Cassetes Nuevo Mundo), Freepost, Paradise Farm, Westhall, Halesworth, Suffolk IP19.
Puede solicitar el catálogo gratis de los productos de venta por correo.

Paganismo

The Pagan Federation (Federación pagana), BM Box 7097, London WC1N 3XX.

Una organización protectora para contactos paganos y de brujería en el Reino Unido.

Sociedades y colegios para el estudio de la parapsicología y la psique

Irlanda

Iris UFO/Paranormal Research Association (Asociación irlandesa para la investigación de OVNIS y fenómenos paranormales), Box 3070, Whitehall, Dublin 9.

Reino Unido

ASSAP (Association for the Scientific Study of Anomalous Phenomena [Asociación para el estudio científico de los fenómenos anormales]), Dr. Hugh Pincott, St Aldhelm, 20 Paul Street, Frome, Somerset BA11 1DX.

Teléfono: + 44 - 1 37 345 1777.

Fountain International, 35 Padcre Road, Torquay, Devon TQ2 8PX.

Una organización que espera mejorar el mundo a través de la meditación, los cristales y el conocimiento espiritual.

The Ghost Club (El club de los fantasmas), Tom Perrott, 93 The Avenue, Muswell Hill, London N10 2QG.

Teléfono: + 44 - 1 81 883 1091.

Haunted Scotland (Escocia embrujada), 35 South Dean Road, Kilmarnock, Ayrshire KA3 7RD.
Teléfono: + 44 - 1 56 353 9509.
Una revista bimensual producida por Mark y Hannah Fraser, quienes también pueden proporcionar ayuda en relación con cualquier observación de fantasmas o problemas con evocaciones.
Están encantados de recibir suscripciones de cualquier parte del mundo, pero les interesan especialmente las que llegan de Escocia.

The Churches Fellowship for Spiritual and Psychic Studies (Asociación de iglesias para estudios espirituales y psíquicos), The Rural Workshop, South Road, North Somercotes, Louth, Lincolnshire LN11 7BT.

The College of Psychic Studies (El colegio de estudios psíquicos), 16 Queesberry Place, London SW7 2EB.

The Scottish Society for Psychical Research (Sociedad escocesa para la investigación psíquica), Secretary and Newsletter Editor, Daphne Plowman, 131 Stirling Drive, Bishopbriggs, Glasgow G64 3AX.
Teléfono: + 44 - 1 41 772 4588.

Estados Unidos de América

American Society for Psychical Research (Sociedad americana para la investigación psíquica), 5 West 73rd Street, New York, NY 10023.

Ghost Trackers Journal (El periódico de los rastreadores de fantasmas), PO Box 205, Oaklawn, IL 60454.

Parapsychology Foundation Counselling Bureau (Oficina del consejo de la fundación para la parapsicología), 228 E 7st Street, New York, NY 10021.

Strange (Raro), PO Box 2246, Rockville, MD 20852.
Organización de investigación de fenómenos paranormales.

Sueños

Reino Unido

Institute for Psychophysical Research (Instituto de investigación psicofísica), Celia Green, 118 Banbury Road, Oxford OX2 6JU.
Sueños lúcidos.

Confederation of Healing Organisations (Confederación de organizaciones curanderas), 113 hihg Street, Berkhamstead, Herts HP4 2DJ.
Teléfono: + 44 - 1 44 287 0667.
Terapia del sueño.

Estados Unidos de América

Association for the Study of Dreams (Asociación para el estudio de los sueños), PO Box 1600, Vienna, VA 22183.

Lucidity Institute (Instituto de la lucidez), 2555 Park Blvd 2, Palo Alto, CA 94306-1919.

E-mail: faq@lucidity.com.

Para investigación, información sobre sueño lúcido.

Lecturas recomendadas

Adivinación

EASON, Cassandra: *The Complete Guide of Divination*, Piatkus, 1998.

Aromaterapia e inciensos

CUNNINGHAM, Scott: *The Complete Book of Oils, Incense and Brews,* Llewellyn, 1993.
PRICE, Shirley: *Practical Aromatherapy*, Thorsons, 1996.
TISSERAND, Maggie: *Aromatherapy for Women,* Thorsons, 1995.
—, Roberts: *Aromatherapy for Everyone*, Thorsons, 1995.
WORWORD, Valerie Ann: *The Fragant Pharmacy*, Bantam, 1996.

Auras y chakras

ANDREWS, Ted: *How to See and Read the Aura,* Llewellyn, 1994.

BRENNAN, Barbara Ann: *Hands of Light, A Guide to Healing Throuhg the Human Energy Field*, Bantam, 1987.
OZANIEC, Naomi: *The Elements of the Chakras*, Element, 1989.

Chamanismo

CASTANEDA, Carlos: *Journey to Ixtlan*, Penguin, 1972.
VITTEBSKY, Piers: *The Shaman*, Macmillan, 1995.
WALSH, Roger N.: *The Spirit of Shamanism*, Tarcher, 1990.

Cristales

CUNNINGHAM, Scott: *Encyclopaedia of Crystal, Gem and Metal Magic*, Llewellyn, 1991.
HOLBECHE, Soozi: *The Power of Gems and Crystals*, Piatkus, 1989.

Fantasmas
y exploración del pasado

EASON, Cassandra: *Discover Your Past Lives*, Quantum, 1996.
—: *Encountering Ghosts*, Blandford, 1997.
PRINCE MICHAEL OF GREECE: *Living with Ghosts*, Norton, 1995.
SPENCER, John y Anne: *The Encyclopaedia of Ghosts and Spirits*, Headline, 1992.
WILLIAMSON, Linda: *Contacting the Spirit World*, Piatkus, 1996.

WILSON, Colin: *The Atlas of Holy Places and Sacred Sites*, Dorling Kindersley, 1996.

Hierbas

CULPEPER, Nicholas: *Culpeper's Colour Herbal*, Foulsham, 1983.
CUNNINGHAM, Scott: *Encyclopaedia of Herbs*, Llewllyn, 1997.

Meditación y visualización

BROWN, Barbara: *New Mind, New Body*, Bantam, 1975.
GRAHAM, Helen: *Visualisation: An Introductory Guide*, Piatkus, 1996.
LESHAN, Lawrence: *How to Meditate*, Crucible, 1989.

Mente en general, cuerpo y espíritu

BUTTON, John, y William Bloom: *The Seeker's Guide, a New Age Resource Book*, Thorsons, 1992.
EVANS, Hilary: *Frontiers of Reality: Where Science Meets the Paranormal*, Thorsons, 1989.
GUILEY, Rosemary Ellen: *Encyclopaedia of Mystical and Paranormal Experience*, Diamond Books, 1993.
RANDLES, Jenny: *The Paranormal Source Book*, Piatkus, 1996.
WILSON, Colin: *The Giant Book of the Supernatural*, Parragon, 1995.

Sueños

LABERGE, Stephen, y Howard Rheingold: *Exploring the World of Lucid Dreaming*, Ballantine, 1990.

LEWIS, James R.: *The Dream Encyclopaedia*, Visible Ink, 1995.

PARKER, Derek y Julia: *The Secret World of Your Dreams*, Piatkus, 1996.

Telepatía, premoniciones, desarrollo psíquico

COOPER, Joe: *The Mystery of Telepathy*, Constable, 1982.

EASON, Cassandra: *The Complete Guide to Psychic Development*, Piatkus, 1997.

EYSENCK, Hans L., y Karl Sargent: *Explaining the Unexplained*, Weidenfield and Nicolson, 1982.

Velas

BUCKLAND, Ray: *Advanced Candle Magic*, Llewellyn, 1997.

—: *Practical Candleburning Rituals*, Llewellyn, 1982.

Índice analítico

www.ingramcontent.com/pod-product-compliance
Lightning Source LLC
Chambersburg PA
CBHW070247290326
41930CB00042B/2845